名人家风丛书

为有源头活水来

——朱熹与朱氏家风

本书系2016年度国家社会科学基金重大项目“中国传统文化教育资源的开发利用研究”（项目批准号：16ZDA230）阶段性成果。

名人家风丛书

徐梓 主编

为有源头活水来

——朱熹与朱氏家风

田猛 著

中原出版传媒集团
中原传媒股份公司

大象出版社
·郑州·

图书在版编目(CIP)数据

为有源头活水来：朱熹与朱氏家风／徐梓主编；田猛著.— 郑州：大象出版社，2021. 12
(名人家风丛书)
ISBN 978-7-5711-0840-3

Ⅰ.①为…　Ⅱ.①徐…②田…　Ⅲ.①家庭道德-中国②朱熹(1130-1200)-家族-史料　Ⅳ.①B823. 1 ②K825. 1

中国版本图书馆 CIP 数据核字(2020)第 240428 号

名人家风丛书
徐　梓　主编
WEI YOU YUANTOU HUOSHUI LAI
为有源头活水来
——朱熹与朱氏家风
田　猛　著

出 版 人　汪林中
总 策 划　郑强胜
责任编辑　万冬辉　马　宁
责任校对　安德华
书籍设计　王　敏

出版发行　大象出版社(郑州市郑东新区祥盛街 27 号　邮政编码 450016)
发行科　0371-63863551　总编室　0371-65597936
网　　址　www.daxiang.cn
印　　刷　北京汇林印务有限公司
经　　销　各地新华书店经销
开　　本　890 mm×1240 mm　1/32
印　　张　7. 5
字　　数　156 千字
版　　次　2021 年 12 月第 1 版　2021 年 12 月第 1 次印刷
定　　价　25. 00 元

印厂地址　北京市大兴区黄村镇南六环磁各庄立交桥南 200 米(中轴路东侧)
邮政编码　102600　电话　010-61264834

总　序

一个人有一个人的气质，一个国家有一个国家的性格。一个家庭在长期的延续过程中，也会形成自己独特的风气。这样一种看不见的风尚习惯、摸不着的精神风貌，以一种隐性的形态存在于特定家庭的日常生活之中，家庭成员的一举手、一投足，无不体现出这样一种习性。这就是家风。

“家风”一词，最早见于西晋著名文学家潘岳的诗中。与潘岳有“双璧”之称的夏侯湛，自恃文才超群，将《诗经》中有目无文的六篇“笙诗”补缀成篇。潘岳为与友人唱和，写作了《家风诗》。在这首诗中，作者通过歌颂祖德、称美自己的家族传统以自勉。

“家风”又称“门风”，这个词语在西晋出现并在随后流行，显然和“士族”“世族”“势族”“大族”“世家大族”成为社会上的统治力量有关。无论是以宗族为根基、以武力为特质的地方豪族，还是以官宦为标志、以文化为表征的名家大姓，他们政治上累世贵显，经济上广占土地，文化上世传家学，垄断了全社会的主要资源。除通过九品中正制和婚姻关系来维护门阀制度之外，他们还自矜门户、标树家风，用以抵御皇权和寒人的侵渔。正因为如此，两晋以后，这个词语渐次流行。从发轫之初，“家风”就往往和“门风”互用。我们可以将它理解为家庭的风气，将它看作一个家庭的传统、一个家庭的文化。

传统作为人类代代相传的行事方式，是从过去延传到现在的事物。没有经过较长时间的过滤和沉淀，就形成不了传统。在《论传统》的作者希尔斯看来，至少要持续三代人，才能成为传统。尽管世代本身的长短不一，但无论是信仰还是行动范式要成为传统，至少需要三代人的两次延传。家风作为特定家庭的传统，是该家庭长时期历史汰选、传统沉淀的结果，是一辈又一辈先人生活的结晶。在历史文献中，“家风”或与“世德”共举，或与“世业”并称，足见家风有别于时尚，而与“世”即很多年代、好几辈子紧密关联。在时间上持续的短暂性是时尚的特征，而家风则是历经延传并持久存在，或者在子孙后代身上一再出现的东西。正是在这个意义上，历史文献中提及“家风”一词，往往蕴含对传统的继承。如比比皆是的“不坠家风”“世守家风”“克绍家风”“世其家风”及“家风克嗣”等，无不体现了这一特点。

有一种观点认为，家风必须是健康的、积极向上的，否则，不能称之为家风。实际上，这只是说者的一种期许、一种渴盼，家风本身并不蕴含这样的意味。否则，“良好家风”就是毫无意义的同义反复。正如“文化”是使民族之间表现出差异性的东西，时时表现着一个民族的自我和特色一样，家风作为家庭的文化和传统，表现的也是一个家庭的气质和风习，反映出一个家庭与其他家庭的不同之处。它完全是一个中性的概念，并不必然具有正面的意义。有的家风可能是勤奋俭朴、为人忠厚、待人有礼，也有的家风可能是狡诈刻薄、游荡为非、跋扈凶横。如同一所学校、一个班级的风习我们称之为校风、班风，而校风有好坏之分，班风有高下之别，并不总是值得弘扬一样，家风同样也有不良的，并不都是传家宝。正因为如此，对家风或门风则就既有称誉，也有贬损。即便是在传统社会，被视为传家久、继世长的，也只有耕读、忠厚、清廉这样一些美好的品质。

的确，家风的特征在前现代、在乡村社会、在大家庭中表现得十分鲜明，格外生动，而在现代城市家庭中却不那么明显。但是，只要一个组织存在，就会有这个组织的文化，特别是这个组织如果有历史的厚重，有传统的积淀，就更是如此。作为家庭的文化，家风是附丽于家庭而存在的，只要有家庭，就会有家风。家风并不必然会因为农村的城市化、大家族被小家庭所取代而丧失，或者说，随着历史的演进，社会情势的变化，家风的具体内容肯定会有变化，但家风仍然会存在。在社会结构和家庭结构都发生了革命性变革的当今社会，人们感叹“家风”的荡然无存，其实是指家庭所秉持的“只耕田，只读书，自然富贵；不欠债，不健讼，何等安宁”这样一些古典原则的式微，是指“耕读两途，读可荣身耕可富；勤俭二字，勤能创业俭能盈”这样一些传统内容的沦落，是“志欲光前，惟是诗书教子；心存裕后，莫如勤俭传家”这样一些旧时理念的散淡，而不是家风本身的消逝。

此外，家风不同于家规。虽然这两个词都与家庭教育相关，但它们有着本质的差异。

家规是家庭或家族中的规矩，是家人所必须遵守的规范或法度，是父祖长辈为后代子孙所制定的立身处世、居家治生的原则和教条。它是借助尊长的权威，加之于子孙族众的又一重道德约束，有的甚至具有法律效力。它有家训、家诫、家仪、家教、家法、家约、家矩、家则、家政、家制等名义，有敬祖宗、睦宗族、教子孙、慎婚嫁、务本业、励勤奋、尚节俭等多方面的内容，是行于口头、针对性强的具体教诫，是见诸家书、目的明确的谆谆训诲，是载诸家谱、可供讽诵的文本规条。家规可以有多种分类，如：根据其表现形式，可以分为教诫活动的家规和文献形式的家规两种；根据内容，则可以分为针对一人一事、起因明确、内容具体、结果显豁的非规范性家规和针对整个人生、涉及方方面面的规范性家规。有的家规，着重家庭子弟的道德修养，教授为人处世要法；有的家规，集中居家治生，以至是祠堂、义庄、学塾等的管理规条。但无论如何，相对于家风，家规一个总的特点是有形的，是可视可见的。

一个家庭的家风有别于这个家庭世代相传的道德准则和处世方法，它是一个家庭的性格特征。虽然它一旦形成，也就成为教化的资源，对家族子弟具有熏染影响、沾溉浸濡的意义，但它是一种不必刻意教诫或传授，仅仅通过耳濡目染就能获得的精神气质，具有“润物细无声”的作用。历史文献中的“渐渍家风”，就极为生动形象地诠释了这一过程。通俗地说，我们可以把家规看作教化家人的教科书，而家风则是经由长期教化后的结果。

2014年春节期间，中央电视台的“家风”系列报道，引起了社会的热烈反响和高度认同。这一报道对于引导人们自觉省思，培植良好的家风，构建和谐的家庭关系，夯实家庭这一社会的堡垒，进而培养全社会的良风美俗，疗治现今社会的乱象，无疑具有积极的意义。正是基于这样一种用心，《寻根》杂志主编郑强胜代表大象出版社，约请我主编这套“名人家风丛书”。

第一辑十种出版之后，广受读者好评、社会欢迎。众多媒体都曾予以推荐，并入选国家新闻出版广电总局向全国青少年推荐百种优秀出版物、入选第二届中华优秀传统文化普及图书50种图书推荐目录，出版社也一印再印。受这种情势鼓舞，强胜兄按此前我们商议好的计划，不失时机地敦促我们启动了第二辑的编写工作。2016年5月18日，他给我发来了《“名人家风丛书”第二辑编写建议》，第二辑的编写工作由此启动。2018年6月，他又给我发来了《“名人家风丛书”第三辑编写建议》，第三辑的编写工作由此启动。

2016年，我作为首席专家承担了国家社会科学基金重大项目“中国传统文化教育资源的开发利用研究”（项目批准号：16ZDA230）的研究工作，本辑图书的编写也是该项目研究工作的一部分，并受到了项目的资助，王立刚居中做了大量的工作。

本辑的编写者，依然主要是我的学生，也吸纳了个别对此有热情、有研究的朋友参加。由于时间仓促，特别是水平所限，其中肯定会有这样或那样的问题，诚挚地希望读者不吝赐教，以便我们把这项工作做得更好。

北京师范大学国学经典教育研究中心 徐梓

2020年1月

目录

引　言

半亩方塘一鉴开，天光云影共徘徊。

问渠那得清如许？为有源头活水来。

——〔南宋〕朱熹《观书有感》

家风，是一个家庭或家族的传统风尚。对于南宋理学宗师朱熹来说，优秀的朱氏家风正是这汩汩不绝的“源头活水”，它是朱熹等先人留下的浩瀚思想资源和宝贵精神财富，滋养和影响着一代代朱氏族人及所有华夏儿女。

朱氏家风是中国传统家风的一个重要缩影。从安徽黄墩到江西婺源再到福建考亭，朱氏家风的主旋律始终是“读书乐道，忠孝业儒”。

朱熹的先祖婺源朱氏家境富裕，代出显宦，又为皇亲国戚，显贵一时，但是传到朱熹的高祖父朱振这一代时，却日渐衰落，不但“三世皆不仕”，而且“故乡无厚业”，家境败落。朱振虽然没能步入仕途，但他学识博洽，专攻儒业，成为乡里的学者师表。

朱熹曾祖父朱绚读书乐道，隐居不仕。

朱熹祖父朱森，“谆谆以忠孝和友为本”。他曾对长子朱松说：“吾家业儒，积德五世矣，后必有显者，当勉励谨饬，无坠先业。”正是在这种思想的熏陶下，才有了学者兼官吏的朱松和理学宗师朱熹。

到朱熹的父亲朱松时，遭逢乱世，家道衰落，又仕途失意，但作为“抗金派”的一员，他精忠爱国，不攀附秦桧等奸佞之臣。朱松罢职还乡后，兴建了环溪精舍，在这里修道研理，全心教子，终于培育出一代理学宗师、孔子之后第一旷世大儒——朱熹。

“耕读传家久，诗书继世长。”综观中国历代文化世家的家风，虽然各具特点，但大都有两方面共性：一是耕读立家。以农立家，以学兴家，以仕发家，以求家族的稳定与繁荣。二是道德传家。道德为人伦之本，也是修身之基。整个家族要名显当世，惠及子孙，唯有依靠道德。以德治家，家和万事兴；以德传家，代代受其益。

通览朱氏家风，耕读立家和道德传家兼而有之。

作为南宋伟大的思想家、教育家，宋代新儒学的代表人物，朱熹在中国儒家学派中的地位和影响仅次于孔子。钱穆先生评价朱熹说：“在中国历史上，前古有孔子，近古有朱子，此两人皆在中国学术思想史及中国文化史上，发出莫大声光，留下莫大影响。”

朱熹一生重名节、轻利禄，忠君爱国、勤政爱民，一身正气、两袖清风，具有崇高的民族气节和优良的道德品质。在金人南侵时，他屡次向朝廷进谏，力主抗金恢复中原；在奸佞当道时，他宁愿隐居山林潜心著学，也不与奸佞为伍。他好修为常、淡泊仕宦，一生辞官60多次，而一旦做官则坚守儒家“达则兼善天下”的准则，以民为本，兢兢业业，鞠躬尽瘁，为百姓办好事。在任地方官的9年里，他兴文教，劝农桑，修水利，救灾荒，惩办恶霸豪强，弹劾不法官吏，减免民众捐税，兴利除弊，造福一方。

自古雄才多磨难。朱熹一生历经高宗、孝宗、光宗、宁宗四朝，他生逢乱世，少年丧父，中年丧妻，老年丧子，幼女夭折，胞妹早逝，仕途不顺，政见受阻，学术遭谤，含冤别世……人间所有磨难几乎都集于他一身，而正是这种种磨难造就了朱熹百折不挠的铮铮铁骨和锲而不舍的执着精神。他明德崇教，尊礼重道，博览群书，广注经典，授徒讲学，著书立说，可以说他对人类文化的贡献是全方位的。无论是在哲学、文学、历史、教育，还是在伦理学、经济学、社会学，甚至在自然科学领域都有杰出的建树。他无所不涉，无所不精，是中国中世纪一位“百科全书”式的大学者。其博学、慎思，终于构建了一个庞大而缜密的理学思想体系，成为中国历史乃至世界文明史上的一位文化巨人。他笔耕不辍，著述宏富，浩如烟海。全祖望在《宋元学案·晦翁学案》中评价他“致广大，尽精微，综罗百代矣”。

朱熹是一位伟大的教育家，一生热心教育，诲人不倦。自早年出任同安主簿开始，甚至在蒙冤“庆元党禁”面对残酷的政治迫害时，他仍笔耕不辍，坚持授徒讲学。“桃李不言，下自成蹊。”他的弟子门人超过500人，为汉以来经师授徒人数之冠，为我国教育事业做出了杰出贡献。

家风的传承往往以儒家伦理纲常为主导，以家训、家规、家范等为载体，以劝学、修身、孝亲为重点，以怀祖德、惠子孙为指向，成为一个家族内部的精神财富和传家珍宝，传达着先辈对后代的厚望以及父祖对子孙的诫勉，也营造出一个家族人才辈出、科甲连第、簪缨相接的重要先天环境和文化氛围。朱熹一生修建书院多处，并在教育思想、读书治学方面留下了丰富而宝贵的财富。朱熹制定、编撰的《白鹿洞书院揭示》《朱子语类》《童蒙须知》《小学》《训子从学帖》《朱子家训》《朱子家礼》等，对我们今天的学校教育和家庭教育都有很大的影响。

“盛德之人，其后必昌。”优良家风既是一个文化世家的兴盛之因，也是其永续发展之基。朱熹对中国思想文化的贡献和影响巨大，尽管他命运多舛，蒙冤受屈，但他的后代在朱氏家风的熏陶下繁衍昌盛，人才辈出。时至今日，由朱熹三个儿子所繁衍发派的考亭朱氏子孙，已发展成中国最庞大的宗族之一，构成现代朱姓的主干，而且每年都有众多的海内外朱氏后裔回福建寻根祭祖，缅怀这位圣人先贤。

朱熹的学说不仅是中华民族宝贵的精神财富，而且还走出国门，走向世界，成为世界人民的思想财富。朱子学说自13世纪传入高丽后，作为正统思想统治朝鲜600余年，对朝鲜的政治、经济、思想、文化等都产生了深远的影响，对朝鲜的社会进步起了积极的推动作用；日本德川幕府在16世纪以后，更是把朱子学定为“官学”，为明治维新开辟了道路。朱子学还在越南、新加坡、马来西亚等东南亚国家和地区广为传播。欧美不少国家和地区，于20世纪50年代以后也陆续兴起研究朱子学的热潮。朱熹成了誉满全球的人物。

“东周出孔丘，南宋有朱熹。中国古文化，泰山与武夷。”朱熹上下求索，皓首穷经，终成一代继往开来的理学宗师，也成就了武夷山“闽邦邹鲁”“道南理窟”的盛誉，更成就了朱氏家风。

在当代，要传承和弘扬中华民族优秀传统文化，而家风是修身之本、齐家之要、治国之基。朱氏家风积淀着丰厚的道德共识和治家智慧，是我们深入挖掘、阐释、弘扬的优秀传统文化宝藏。

这正是：

源头活水，开愚启蒙立万世之规，孔子之后第一儒。

继往开来，穷经明理续千年绝学，天地之间浩气存！

源头活水

第一章

紫阳朱氏溯源

百川归海，叶落归根。溯源寻根是中华民族永远不变的夙愿、永恒不解的情结。作为中华传统文化的重要组成部分，中华姓氏文化源远流长、博大精深。朱姓历来是中华大姓，是比较显赫的一个姓氏。朱姓出现在《百家姓》中“朱秦尤许，何吕施张”两句，位置靠前。特别是作为“孔子之后第一儒”朱熹的紫阳朱氏，别有一段超越时空、贯通古今的渊源和来历。紫阳朱氏孕育了朱熹，朱熹也令紫阳朱氏光耀千秋万代。

第一节　饮水思源：朱姓的来历

饮水思源，寻根谒祖。中国人自古就有自己的姓氏，姓氏是文明之光，是血缘的标志，是婚姻的纽带，是部族的开端，是国家的根基。

朱姓是中华大姓，其来源极其复杂。一般认为邾侠是朱姓的始祖，后来吴郡朱氏的肇姓开基始祖朱洪基去邑改朱氏，成为朱姓第一人，号称“洪基朱氏”。其后裔兴旺发达，出现了以紫阳朱氏朱熹为代表的一大批杰出人物，成为朱姓中最为著名的一支。

一、清水涓涓：朱姓的源起与远古先祖

“参天之木，必有其根；怀山之水，必有其源。”（清代张澍《姓氏寻源》）姓氏在人类历史上并非与生俱来，原始先民们在古老的土地上生产劳动、繁衍生息，经过漫长的“鸿蒙”时代，随着氏族社会的兴起，终于开始了“称氏道姓”的时代。然而任何一个姓氏都不是一朝一夕就能产

生的，朱姓从起源到形成同样经历了漫长的发展过程。

中国姓氏并不是只有简单的一个源头，而往往呈现出多个来源汇流成川的景象。朱姓也是一个多源头的中华大姓，除主体部分是曹姓朱氏之外，其他非曹姓朱氏还有多支，他们大都可归属于“赤心木”的传人一类。

（一）朱姓源头：图腾崇拜

朱姓作为中国最古老的姓氏之一，其起源可以追溯到原始氏族社会的图腾崇拜。

从字源学来看，“朱”字的本义即指赤心木。东汉许慎在《说文解字》中说：“朱，赤心木，松柏属。从木，一在其中。”赤心木其实是一种松柏，因为树心呈红色，又称朱木。相传在遥远的氏族社会前期，有一支生活在黄河流域的氏族将赤心木视为“神木”，认为自己是神木的后裔，并以此作为本氏族的图腾。随着时代的发展，这种早期的赤心木图腾崇拜逐渐向姓氏演变，成为后世朱姓的重要源头之一。

朱广平在《邾国史话——朱姓起源》中推测，朱姓可能与远古先民图腾崇拜中的“感恩”现象有关。在某一时期由于天灾等原因，鱼和野兽等不易捕获，该氏族人们赖以生存的渔猎活动无法正常进行，陷入生存危机。他们偶然发现蜘蛛结网捕虫的现象，于是受到启发，开始效法蜘蛛结网之法捕鱼网兽，结果事半功倍，顺利渡过了难关。因此，他们对蜘蛛感恩戴德，认为它是祖先的化身，前来拯救自己，于是尊崇蜘蛛为全氏族的神灵，世代传承，“邾”渐渐地成为该氏族的称呼。邾氏族因崇拜蜘蛛而得名，他们的活动区域也由此留下了许多带“邾”字的地名。

（二）朱姓始名：“三皇五帝”

1.朱襄氏：文献记载的最早的朱姓始祖

作为一个古老的姓氏，朱姓最早起源于远古“三皇五帝”传说时代。第一位著名的朱姓先祖是上古时期的朱襄氏，古文献称之为上古“古帝”、赤帝，又号称“飞龙氏”。朱襄氏为中华文明的发展做出过重大贡献。他发明五弦元瑟，开礼乐文明之先河；他调节阴阳，促进百物生长，是中华农业文明的开拓者；他首创六书，奠定中国文字之基石。《路史·后纪》说：“朱襄氏都于朱。”《续汉书·郡国志》载：“陈有株邑，盖朱襄之地。”朱襄氏生活的地区在古陈国一带。朱襄既是人名又是氏族名。朱襄氏的部分后裔便以朱为氏，成为朱姓中最为古老的一支。

2.白帝朱宣：嬴姓朱氏的肇姓始祖

继朱襄之后，在中华人文始祖黄帝的时代，又出现了一位著名的朱姓先祖——白帝朱宣。朱宣就是少昊，是黄帝和嫘祖的后代。传说，黄淮下游的“夷人”在黄帝时代被分为淮河流域的“淮夷”和黄河下游的“东夷”两部分，后者共九部，合称“九夷”。夷人大多以鸟类为图腾，如凤鸟氏、玄鸟氏、青鸟氏等，朱宣就是“凤鸟氏”部族的酋长，他统率本族与其他部族组成部落联盟，并被推选为联盟首领。朱宣子孙繁盛，相传有24个儿子。

3.朱虎：朱姓的又一位开姓始祖

朱宣之后，著名的朱姓先祖是传说中上古“五帝”之一帝喾的辅佐大臣——朱虎。帝喾是黄帝的曾孙，也是上古著名的“五帝”之一，他继高阳氏颛顼帝位，统领中原各部落。相传朱虎就是八个部族首领之一，是朱氏部族的酋长，在部落联盟中有一定的地位，受到高辛氏帝喾重用。帝喾死后尧继位，为了坐稳王位，尧采取了削弱、抑制八个部族的措施，朱虎便主动“辞职”，归隐山林。后来舜即位后又重新重用朱虎，此后朱虎部族子孙繁衍兴旺，成为后世朱姓的重要来源。据说西周时著名隐士朱张、战国时魏国人朱亥、汉代中邑侯朱进和鄢陵侯朱濞以及唐朝的朱怀智、后梁太祖朱温等都是朱虎的后裔。

4.丹朱：祁姓朱氏的开姓之祖

与朱虎生活的时代大致相近的，还有一位著名的朱姓先祖，他就是“五帝”之一尧的嫡长子——丹朱。丹朱本姓祁，名朱，因封于丹水，于是以封邑为氏，号丹朱。《史记·五帝本纪》：“尧知子丹朱之不肖，不足授天下，于是乃权授舜。”丹朱闻讯，便联合南方的“三苗”起兵讨伐舜，与舜率领的部落在丹水决战，最终战败身亡。丹朱的族人为躲避迫害，便迁到河北、山东、湖北等地，也有一部分留居河南，其后裔经过长期发展，又衍生出许多支脉和不同的姓氏，有的仍以祁为姓，有的以丹为姓，也有的以祖名“朱”为姓，成为后世朱姓的重要来源之一。祁姓朱氏，到隋唐时期发展成为望族。

（三）曹姓分支：颛顼后裔

《元和姓纂》说：“朱，颛顼之后。帝颛顼，姓姬，名颛顼，号高阳，属黄帝、昌意一支。”中国伟大的诗人屈原在《离骚》开篇就曾自我介绍说：“帝高阳之苗裔兮。”因此，现今绝大多数朱姓族人与屈原同祖同宗，都是高阳氏颛顼的后代。

说到朱姓起源，除前面的几位先祖外，更多人追溯到曹姓，认为朱氏是曹姓繁衍出来的分支，曹姓先祖也就是朱姓的血缘先祖。

相传到了虞帝时期，高阳氏颛顼的裔孙晏安是舜帝的辅佐大臣，因功勋卓著受封于曹地，创建曹国，此后便有了曹姓。晏安改称曹安，曹姓的历史由此开始。曹安的封邑就在今陕西周至，进入夏商时期，其后裔逐渐东迁，定居于今山东定陶一带。

大约在商代晚期，曹国被商灭亡，族人散居各地以曹为姓。后来，周武王灭商后广封异姓诸侯。由于当时晏安后裔所建的曹国早已灭亡，武王就找到晏安的后裔曹侠，将他分封到邾地（今山东邹城）重新建立朱姓历史上有名的邾国。从此曹姓的主支便迁到山东半岛，继承了东夷氏族的蜘蛛图腾，并在此开基创业，建立了邾国及其后来的分支小邾国。到了战国后期，大、小邾国先后被楚国所灭，邾国还分衍出邾氏、邹氏、倪氏、颜氏、娄氏、茅氏、夷氏等数十个姓氏，但都不如朱氏兴旺。朱氏成为整个朱姓族群的主体，曹侠也就成为史书中有确切记载的朱姓先祖。

综上所述，朱姓主要来源于朱襄氏、祁姓、曹姓等。此外朱姓还有改姓、赐姓、冒姓等，其中改姓以少数民族为主，如北魏孝文帝拓跋宏时实行汉化改革政策，有的鲜卑族就改为朱姓；元朝时期蒙古族主儿乞部实行汉化改姓为氏。明朝建立后，帝王便有了赐姓朱氏以示恩宠的先例。赐姓朱氏主要有两类情形：一类赐外族“夷蛮”为朱氏，借以笼络，以示怀柔；另一类赐姓是为了褒奖臣下，以示恩宠。

二、风生水起：朱姓的发展与壮大

“颛顼苗裔邾子后，邹鲁山水是故乡。沛国之名播天下，枝繁叶茂布四方。”纵观朱姓发展的漫漫历史长河，便会发现朱姓先祖开枝散叶的痕迹。西周时周武王封曹侠于邾，后来部分邾人南迁至安徽丹阳、江苏丹徒等地。战国中叶，楚宣王灭邾国，迁邾人于楚（今湖北黄冈）。战国时期朱氏主要分布在山东、江苏、河南、安徽、湖北一带。其中安徽和江苏交界处就产生了沛国朱氏和吴郡朱氏。

从秦汉到宋元是朱姓群体持续发展的时期。秦汉以后，随着朱氏后裔的不断繁衍、壮大，朱姓逐渐成为举足轻重、名扬天下的中华大姓，分布于全国各地及海外众多国家和地区。具体的发展情况可分为四个阶段：一是秦汉魏晋南北朝时期，朱姓遍布中原和华东地区。魏晋时期，朱姓继续南迁，以沛国朱氏为代表的诸多郡望兴起，北方和南方朱姓都相当活跃。二是隋唐时期，朱姓已出现在广东，北方朱姓独领风骚，南方朱姓相对沉寂。三是五代宋元时期，北方朱姓大量南迁，以婺源朱氏为代表的东南朱姓空前兴盛。四是明清时期，明朝是朱姓的鼎盛时期，朱姓迅速向全国发展，居住在闽、粤等沿海地区的朱氏，陆续有人移居台湾；清朝时又有人远徙东南亚及欧美一些国家和地区。

（一）秦汉魏晋南北朝时期：郡望纷起

早在秦汉时期，朱姓就已遍布中原和华东地区，而到了魏晋南北朝时期，朱姓继续南迁，但主要繁衍地仍在淮河及长江下游地区。

两汉时期，朱氏没有大规模迁徙，但小规模正常移民使得朱氏分布更加广泛。据记载，当时的河南、山东、安徽、江苏、陕西等地都有朱氏族人居住。汉朝朱氏移民主要是国家政策性移民，山东朱氏开始向陕西地区迁徙。当时最著名的朱氏移民有两支：一支徙居杜陵（今陕西西安），形成杜陵朱氏，著名后裔有汉哀帝时丞相朱博；另一支迁往平陵（今陕西咸阳），发展为著名的平陵朱氏，杰出人物有汉成帝时以敢于直谏著称的忠臣朱云。

魏晋南北朝时期是“大分裂”“大动荡”时期，众多朱姓族人在各地相继兴起，共同推动了朱姓的全面勃兴。传统的朱姓分布在沛国、吴郡、义阳、丹阳、太康、钱塘、河南、永城等八大郡望。三国时期，中原地区朱氏一部分向东南吴国地区迁徙，另一部分则向西南蜀国地区迁徙。两晋南北朝时期，朱氏开始了历史上第二次大规模迁徙，主要是从华北向东南迁徙。这个时期，汉族朱氏分布相对集中于东南江浙一带，朱氏居江南四大姓朱、张、顾、陆之首，而少数民族朱氏则相对集中在河南南阳、洛阳等地。

（二）隋唐时期：风云中原

隋唐时期是朱姓承上启下的时期，朱氏迁徙由原来的自华北向东南迁徙转变成多方位迁徙。朱氏移民大都是正常的小规模移民，自华北向东南的迁徙速度逐渐放缓，南方朱姓相对较为沉寂，北方朱姓则显得特别活跃。在北方中原地区几支较大的朱氏族群，主要有北京昌平朱氏、永城谯郡朱氏、后梁皇族朱温家族等。

（三）五代宋元时期：活跃东南

五代宋元时期又是一个迁徙频繁的时期。由于中原战乱和金兵入侵，中原朱氏被迫再一次向南方大规模迁徙，主要集中在东南江浙和江南地区，原居江浙一带的朱氏，向闽粤岭南一带迁徙。

这期间共有三次南迁浪潮：一是两宋之际大批北方民众随宋室南下，

散居东南各地；二是宋元之际为躲避战乱和元军杀戮，大批黄淮流域民众向长江流域迁徙，部分江南地区民众向华南迁移；三是元明之际由于战乱再起，中原和江淮地区引发新一轮的南迁浪潮。而在历次南迁浪潮中主要的朱姓群体有朱胜非、朱光庭、朱载、朱巽、朱敦儒等朱氏家族。

南宋初，属于沛国朱氏分支的睢阳（今河南商丘）朱氏，有一支南下迁居昆山（今属江苏），后来发展成为昆山朱氏三大派之一的河泾派。元代著名画家朱德润的先祖，就是在两宋之际由睢阳迁居到苏州的。

正是由于北方朱姓大量南迁，在朱姓分布最为密集的东南地区，先后涌现出一些影响很大的家族，其中影响最大的要数理学宗师朱熹的朱氏家族。这个时期，朱熹家族开始由安徽歙县黄墩经江西婺源向福建建阳一带移民，这就是始于唐末五代、鼎盛于宋元的婺源朱氏及其支派，此族群最为庞大，名声最为显赫，影响最为深远。

（四）明清时期：辐射四方

“说凤阳，道凤阳，凤阳本是好地方，自从出了朱皇帝，十年倒有九年荒。”明清时期出现了朱氏移民史上的又一次高潮。这个时期最值得重视的大迁徙就是凤阳朱氏由凤阳经南京、北京向全国各地“四方辐射”。明朝建立后，朱元璋大封皇族凤阳朱氏子弟到各地为王，于是朱氏皇族发展迅速，到明末已发展到数十万人口，遍布全国各地。

明朝政府还实行过“江西填湖广，湖广填四川”的移民运动，大批朱氏再次自东向西横向迁徙。自1644年明亡，整个朱氏族姓都随着凤阳朱氏的衰落而衰落。作为国姓的朱氏为了逃避迫害，再一次大规模呈“四方辐射”迁徙，但与明初向城市的迁徙不同，朱氏这次迁徙是由城市向偏僻山区、由内地到边远地区、由大陆向海外地区迁徙。有清一代也成为朱氏发展历史中的低潮阶段。

尤溪韦斋祠

第二节　源远流长：紫阳朱氏家族

一轮紫阳映活水，闲云潭影日悠悠。当朱姓的历史长河流淌到赵宋王朝之际，突然改变了方向，朱姓的主流由原来的尚武转为崇文，到南宋时孕育出了以朱熹为代表的东方文化望族——紫阳朱氏。而对于紫阳朱氏文化源头的徽州，紫阳朱氏和朱熹思想文化的源头历史性地落在那里，那里的儒家思想和朱氏家风家教源远流长。

一、寻源黄墩：百川归海觅源流

溯源觅流寻朱氏，水清木华世代传。紫阳朱氏的发源地就在宋代歙州歙县（今属安徽）的黄墩。

据朱熹《婺源茶院朱氏世谱序》记载，婺源朱氏是吴郡朱氏的分支，也是吴郡朱氏的大宗。许多后世朱氏都认为，朱瓌是婺源茶院朱氏的始祖。朱熹是朱瓌的九世孙。朱瓌生于唐僖宗广明二年（881年），朱瓌的曾祖父叫朱炌，世居金陵（今南京），祖父是朱守滔，父亲叫朱涔。朱涔当时任职殿中丞，在37岁时为避黄巢战乱，奉朱炌之命举家从金陵迁徙到歙县黄墩富仑山下的朱家巷。

朱炌，字仁寿，号光迪，原为河南永城人，是朱敬则的次子。在唐宪宗元和中官任饶州知府，先后娶妻郑氏、金氏，生三子朱守滔、朱守同、朱守和。后来由于时局混乱，他任满后没有返回永城，而是落籍在金陵，也有后裔徙居吴郡（今江苏苏州），他们在仕途上大都功成名就，是一个光前裕后、福荫百代的家族。

朱守滔，名禹一，字陵溪，是朱炌的长子，生于唐宪宗元和三年（808年），曾官任济阳令，娶妻尹氏，有朱涔、朱滋两子。

朱涔是黄墩朱氏的开基始祖，又名朱师古，生于唐武宗会昌元年（841年），在唐宣宗大中十四年（860年）登进士第。唐僖宗乾符五年（878年），朱涔带领全家离开姑苏徙居歙县黄墩。

朱涔迁居歙县黄墩一是到此避乱；二是想在此开基立业，图谋发展。朱涔为官清廉谨慎，对外为人低调，遇事随和，讲究团结；对内孝悌恭谨，家门和顺，丧葬嫁娶，任劳任怨。朱涔在后梁贞明五年（919年）病逝。妻子程氏生于唐会昌二年（842年），卒于后梁龙德元年（921年），后夫妻合葬于歙县黄墩金狮岭。有像赞曰：“其性坦直，其容舒徐；为善不足，流庆有余。厌乱避尘，获叨安境；子孙英贤，德泽弥永。”朱涔共有四子：朱珉、朱瓌、朱璋、朱瑾。

长子朱珉，号古训，字尧臣，生卒年月不详。南唐时任杨行密的幕将，到歙县黄墩不久就返回金陵，于是形成金陵朱氏的一脉并传族开枝。

次子朱瓌，号古僚，字舜臣，唐昭宗大顺二年（891年）进士。

季子朱璋，号古祝，字商臣，生卒年月不详。娶妻汪氏，生三子：朱翾、朱鼎、朱四八。他的后裔居住在婺源北山香田一带，守护祖墓，主持祭祀。

四子朱瑾，号古佑，字鼎臣，生卒年月不详。自称黄墩主人，又号鬲山居士，曾登进士第，官至监察御史。授江南领将、歙州开国亭英侯，食邑五千户。75岁隐居休宁鬲山。是休宁鬲山派朱氏的始祖。娶妻余氏，共有五子：朱逢、朱远、朱通、朱达、朱迁。

岁月流逝，斗转星移。朱涔、朱瓌父子在歙县经营谋划，宏开基业40余年，儿孙功成名就，家业也兴旺发达，尤其是四个儿子都担任了军政要职。他们的后裔分居各地又形成黄墩朱氏的四个支派，遍及徽州甚至海内外。朱涔后裔迁居河南偃师，形成极为兴旺的偃师朱氏，宋代时还产生了宰相朱胜非。朱涔的弟弟朱滋，随父兄到歙县黄墩不久又重返姑苏，后世子孙大多散居在江浙等地。

二、迁居婺源：茶院朱氏的崛起

潮平两岸阔，风正一帆悬。大约在10世纪初，朱瓌从歙县黄墩向南徙居江南东路徽州婺源（婺源原属安徽，现属江西），于是开婺源茶院朱氏一族，茶院朱氏从此兴旺崛起。

婺源茶院朱氏始祖朱瓌本是著名将领陶雅的部下。唐天祐元年（904年），婺源人汪武为反抗重赋暴敛，率众起事，歙州刺史陶雅前往平乱，收复婺源后，命朱瓌率兵3000人戍守婺源，管辖浮梁、德兴、祁门、婺源等四县，负责征收茶税。因此，朱瓌携妻带子从黄墩赶赴婺源定居下来，遂开婺源朱氏一派。因为朱瓌官任制置茶院使，朱氏族人便尊称他为茶院府君或茶院公，他的后裔则被称为婺源茶院朱氏。

朱瓌在任制置茶院使期间，政绩突出，百姓安居乐业，被封为大制置茶院元帅。又因原籍歙县黄墩，被诰封为黄墩忠武侯。唐天祐三年（906年），朱瓌升任宣、歙、池、平、苏、杭、饶、信八州观察使。后周显德二年（955年），朱瓌逝世，享年84岁。去世后葬在婺源的连桐山，后代子孙也定居于此。

朱瓌原配夫人杜四娘，生于唐咸通十四年（873年），卒于后周广顺元年（951年），享年74岁，后与茶院公朱瓌合葬连桐山，赠夫人。杜夫人生三子：朱廷杰、朱廷儁和朱廷滔。茶院公去世后，朱廷杰三兄弟为守父母墓庐，留在了婺源。从此，后裔繁衍兴旺，成为婺源当地首屈一指的大姓望族。

茶院朱氏始祖朱瓌的三个儿子都很优秀，均曾在南唐政权中任职。其中长子朱廷杰，在南唐时官任拱卫上将军、歙州团练使，后徙居休宁城北，开休宁朱氏一派。次子朱廷儁，字文智，一名敬，相貌堂堂，一表人才，谋略过人，后唐庄宗李存勖任命他为徽州刺史兼番汉总管，后又升为节度使，天成二年（927年）特旨移镇徽州。卒于宋太宗淳化五年（994年），享年83岁。三子朱廷滔，南唐时官补常侍承旨，退休后徙居休宁首村。可见，茶院朱氏第二代只有次子朱廷儁一支留居婺源。此后，子孙后裔繁衍，枝繁叶茂，散居于今安徽南部、江苏南部、江西、福建、浙江、湖南、河南等地。

朱廷儁原配夫人生二子：朱昭元和朱昭亨。其中次子朱昭亨过继给堂伯朱廷集为嗣，徙居河南偃师。长子朱昭元，字致尧，一字致鲁，荫袭父职，任侍卫指挥使。后契丹入侵中原，朱昭元弃官归隐，自号“抽闲翁”，或称瀫溪府君。卒于北宋咸平二年（999年）。朱昭元原配夫人冯氏，继娶金氏，生四子：朱惟则、朱惟甫、朱惟赞、朱惟节。其中三子朱惟赞因镇守徽、饶二州，后裔迁居江西浮梁县北乡明溪；四子朱惟节官任礼部员外郎，徙居金陵（今南京）句容，后裔形成明朝皇室的前身——句容朱家巷朱氏。而最兴旺的则是长子朱惟则和次子朱惟甫两支。

茶院第四代长孙朱惟则，字一美，又字文秀，隐居不仕，生四子：朱纶、朱适、朱景、朱雍。其中，三子朱景是进士，官任光禄卿。长子朱纶隐居婺源乡里，后裔极为昌盛。朱纶娶妻汪氏，生四子：朱析、朱杭、朱楫、朱杞。朱析，字邦直，始改儒业，但仍不乐仕进，读书教子，后以子贵，赠奉直大夫。妻张恭人，生五子：朱篪、朱弁、朱宏、朱忠、朱正。长子朱篪，字景成，官河北应授军马使司参议，后阵亡，赠通直郎。

朱析次子朱弁，字少章，《宋史》卷373有其传记。史称朱弁10岁就能写文章，年轻时游京师，入太学，补内舍生。南宋建炎初年，朱弁自荐为吉州团练使、通问副使。北使金国拜见金帅粘罕，被扣留16年，其间守节不屈，最后促成和议。回国后任奉议郎，绍兴十四年（1144年）卒。著有《聘游集》《尚书直解》《风月堂诗话》等。朱熹曾为他亲自撰写《祭叔祖奉使直阁文》和《奉使直秘阁朱公行状》。

朱惟则后裔除居婺源外，又有迁江西高安、庐州安庆、常州三楚等支派。

朱惟甫，字全美，一字之秀，又字专美。生于宋太平兴国四年（979年），北宋时任四门博士。崇德乐道，隐居不仕，1054年去世。娶妻程氏，生三子：朱迪、朱振、朱郢。

茶院朱氏这一代又以长房朱迪一支最为昌盛。朱迪生子朱贵纳。朱贵纳，又名桂纳，字伯材，居于开封。时值金兵南侵，朱贵纳率师救鄂，抗金有功，因此累任西京左藏库使、荥州刺史带御器械、醴泉观察使、武泰军节度使，赠开府仪同三司等显职，后被封为福国公、恩平郡王，成为婺源朱氏唯一封王的人。朱贵纳娶李氏，生两女六子。长女嫁给宋钦宗赵桓为妻，她就是历史上有名的花鸟山水画家仁怀皇后。北宋灭亡后，仁怀皇后与宋钦宗一起被俘到金国，不知所终。次女也嫁给皇室为王妃。与当朝皇帝的联姻，标志着婺源朱氏已成为当时最为显赫的朱姓宗族。

三、家道中落：淡泊功名的父辈

清风徐来，水波不兴。婺源朱氏虽家资饶富，代出显宦，又为皇亲国戚，显赫一时，但是朱瓌以后五世从事儒业，由中等官僚沦落到小地主的境地。特别是传到朱熹的高祖父朱振时这一支却日渐衰落，不但“三世皆不仕”，而且“故乡无厚业”，家境败落。

朱熹高祖朱振，又名爰振，字文举，号芦村，朱惟甫季子，朱姓族谱上称他为芦溪府君。朱振虽没能步入仕途，但他学识渊博，教书育人，成为乡里著名的老师和学者。朱振原配王氏，赠孺人，再娶汪氏，共生四子：朱中立、朱绚、朱发、朱举。其中长子朱中立后裔迁浙江泾县，次子朱绚即朱熹的曾祖父，三子朱发后裔迁居婺源，四子朱举后裔从婺源迁往休宁开基。

朱熹曾祖父朱绚，又名贵绚，字义之，又字义夫，号王桥。生于婺源思贤坊阙里。他读书乐道，北宋仁宗庆历年间诏为翰林院检讨，不赴命。终生隐居不仕。后娶妻王氏，生四子：朱虬、朱蟾、朱耆、朱森。其中朱虬、朱蟾和朱耆三兄弟均无子。

朱熹祖父朱森，字良材，号退翁，是一个只读经书不问生计的酸腐士子，但他却娶了一个知书达理又贤惠富有的好妻子——程氏五娘。他们共有四子：朱松、朱柏、朱柽、朱槔。（一说无次子朱柏，只有三子）朱森虽自己未做官，但后来父以子贵，被赠承事郎，随子迁居福建。北宋宣和七年（1125年），朱森去世，葬于福建建宁府政和县护国寺西素谷，享年51岁。

四、流布考亭：朱松与考亭朱氏的肇兴

山高月小，水落石出。12世纪20年代，徽州婺源茶院朱氏的第八世孙朱松因官徙居福建，于是开建阳考亭朱氏一族。此后，考亭朱氏兴旺发达，第二代便出现了自孔孟之后最伟大的思想家、中华文化的代表——朱熹，从而使紫阳朱氏光耀寰宇，震烁古今。

建阳朱氏始祖朱松，字乔年，号韦斋，徽州婺源松岩里（今江西婺源紫阳）人，朱熹之父，是二程再传弟子罗从彦的学生，与李侗同学，学者称“韦斋先生”。生于北宋绍圣四年（1097年）。北宋徽宗政和八年（1118年）同上舍出身，徽宗宣和五年（1123年）任福建建州（治所今建瓯）政和县尉。南宋高宗建炎二年（1128年）调至南剑州（治所今南平）尤溪任

县尉。建炎三年（1129年）任满后，闲居在尤溪的朋友郑安道家里。建炎四年（1130年）九月十五日，其子朱熹诞生于尤溪郑氏馆舍。绍兴三年（1133年）初夏，因反对朝廷与金人议和，被贬为泉州石井镇（今晋江安海镇）监税。绍兴四年（1134年），召试除秘书省正字，后历仕校书郎、著作佐郎、尚书度支员外郎，转司勋、吏部两曹等职，官至左承议郎、守尚书吏部员外郎兼史馆校勘。时秦桧当政，决策议和，他上书力阻和议。绍兴十年（1140年），受贬出任饶州，他不愿赴任，请祠，得台州崇道观祠职。绍兴十三年（1143年）三月二十四日卒于建瓯环溪精舍，享年47岁。后以子贵，赠通议大夫，追封粤国公，元至正年间谥“献靖”，明嘉靖年间从祀启圣祠。早年以诗文著名，后专注于传习河洛之学。在石井镇时，常集镇中优秀士子讲习“理义之学”，是在泉州开讲理学的第一人。著有《韦斋集》十二卷和《外集》十卷（已佚）。朱氏族人尊他为“入闽朱姓始祖”。

朱松夫人祝氏，为祝确的独生女，称为五娘。史称祝氏家族原本和朱氏家族一样是新安名门望族，祝确的祖父祝仁质也曾因富甲一方，拥有新安郡一半的产业而得名“祝半州”，后因方腊起义和与人打官司而倾家荡产。祝氏嫁到朱家后，服侍公婆尽心尽力，家虽贫苦，但处之怡然。生三子一女，季子即朱熹，女儿朱心嫁给刘子翔。朱松死后，祝氏抚教儿子辛勤备至，并奉朱松遗命和朱熹从建瓯移居崇安，最终培养出一位万世宗师——朱熹。祝氏于乾道五年（1169年）去世，享年73岁。后母以子贵，追封孺人，赠硕人，封粤国夫人，葬在建阳县崇泰里寒泉坞。

五、大儒世泽：万世宗师朱熹

且持梦笔书奇景，日破云涛万里红。12世纪，婺源茶院朱氏的第九代也即福建朱氏第二代，产生了一位旷世大儒、万世宗师——朱熹，从而使朱姓氏族在中国文化舞台上升到了至尊地位，也标志着朱姓的发展进入第一次高潮。

朱熹（1130—1200），字元晦，一字仲晦，号晦庵，别称紫阳。祖籍徽州婺源（今属江西），生于南剑州尤溪（今属福建），侨寓建阳（今属福建，是朱熹的入籍、晚年定居、终老讲学之地）。任秘阁修撰等职。师事李侗，为二程四传弟子。在哲学上发展了二程关于理气关系的学说，集理学之大成，建立了一个完整的客观唯心主义的理学体系，世称程朱学派。朱熹认为理气相依而不能相离，“天下未有无理之气，亦未有无气之理”，但又断言“理在先，气在后”，“有是理便有是气，但理是本”；把一理和万理看作“理一分殊”的关系；提出“凡事无不相反以相成”，事物“只是一分为二，节节如此，以至于无穷，皆是一生两尔”；强调知先行后，但又认为“知行相须”，注意到行在认识中的重要性；强调“天理”和“人欲”的对立，要求人们放弃“私欲”，服从“天理”。

朱熹是中国杰出的儒学大师，他一生坎坷，毕生追求“格物致知，诚意正心”的儒家理想。他博览群书，广注典籍，对经学、史学、文学、乐律以至自然科学有不同程度的贡献。《四书章句集注》成为后世科举考试的标准，《朱子家礼》至今影响中国人的处世原则。他的教育思想也深刻影响韩国、日本、越南乃至全世界。他继承了中华文明五千年的文化精髓，他的新儒学思想穿越800多年流传至今，已经成为中国优秀传统文化的重要组成部分。朱熹是宋代新儒学的集大成者，总结并重建了儒学，使从魏晋南北朝以来逐渐边缘化的“孔孟之道”恢复了正统地位。以朱熹为代表的理学思想是元、明、清三朝占主导地位的理论体系。朱熹还吸收当时科学成果，对自然界的变化提出了某些见解。他的通观博览和精密分析的学风对后世学者影响很大。朱熹著有《四书章句集注》《周易本义》《诗集传》《楚辞集注》。可以说朱熹的成就是全方位的，他对中国社会的影响也是全方位的。

第二章

望子成龙的朱松

水清木华，薪火相传。12世纪20年代，徽州婺源茶院朱瓌的第八世孙朱松因官而徙居福建，于是开建阳考亭朱氏一族，成为“入闽朱姓始祖”。

任何伟大思想家的伟大思想都有它的“源头活水”，它就是思想家的精神世界，它来自社会现实，根源于日常生活，受益于周边环境。那么，朱熹的精神世界都有哪些“源头活水”呢？就让我们从他的父亲朱松说起吧。

第一节　蒙以养正

一、乱世得子

金兵烧杀掳掠后的杭州城满目疮痍，生灵涂炭，老百姓流离失所，哀鸿遍野。朱熹的父亲朱松就生活在民不聊生、内忧外患的乱世。

朱松（1097—1143年），字乔年，自号韦斋，出生于徽州婺源松岩里一个官绅家庭，是婺源茶院朱氏第七世孙朱森的长子。朱松自幼聪慧过人，勤奋好学，心怀大志，把“治国安邦、大济苍生”作为自己的人生理想，强烈的士大夫意识可谓根深蒂固。

宋徽宗政和八年（1118年），朱松考中进士，第二年被任命为迪功郎。

宣和五年（1123年），朱松被外派到福建建州任政和县尉，但是由于家贫，没有赴任的路费，便将婺源老家的百亩土地变卖，然后扶老携幼举家迁往福建建州政和县，开建阳朱氏一族。从此，朱松被推为“入闽朱姓始祖”。

宣和七年（1125年）五月，朱松的父亲朱森去世，朱松为父守丧，暂时丁忧离任，艰难度日。由于家贫无力将父亲归葬故乡婺源，只得就近葬于政和县西的公共庙田。

靖康元年（1126年），也就是朱熹出生的前三年，金国大兵南下，占领了北宋的都城汴梁，徽、钦二帝被俘到金国，北宋灭亡。五月，康王赵构在南京应天府即位，改元建炎，史称“南宋”。

建炎元年（1127年），金兵分三路大举南下，赵构逃往扬州；第二年又逃到杭州，此时朱松被调至南剑州（今南平）任尤溪县尉；建炎三年（1129年）七月金兵再次分四路南侵，势如破竹，赵构仓皇逃往明州（今宁波），金兵渡过长江一路攻城略地，抵达江西万安县，直逼福建省。十二月初，一支金兵从江西突入到福建邵武，烧杀抢掠，无恶不作。这时朱松代理建州职官（没有正式岗位临时负责公务的官员），听说金兵进入福建，慌忙带着全家老小弃官逃往政和县避难。直到建炎四年（1130年）夏天，在宋朝军民的奋力抵抗下，金兵退出福建和江西，朱松才准备带家人返回建州。

可是，还没等朱松启程，苗傅和刘正彦发动兵变攻入福建，不久建州的王燮和龚仪又连续发动兵变，龚仪攻打建州，闽北顿时风声鹤唳，朱松回不去建州了，便买了一条小船携家眷顺水路南下，奔尤溪而来。因为尤溪地处闽中，距离闽北的战乱区域比较远，相对较为安全，更因为朱松曾在尤溪县担任过县尉，对这里比较熟悉。朱松逃难来到尤溪后，就将家人安顿在尤溪县城南的郑氏馆舍中。郑安道官拜金紫光禄大夫，正二品，这座馆舍就是他在尤溪县修建的南溪别墅。朱松在尤溪担任县尉的时候，郑安道的儿子郑德与担任尤溪县令，两人意气相投，结为至交。

后来朱松只身去了福州，本来是想到福州拜见福建安抚使领罪的（因为朱松在金兵进攻福建时擅离职守），但到福州时却听说叛军攻南剑州很紧急，便立刻赶回尤溪。当朱松到达尤溪时，叛军就在十数里外了，幸好两个弟弟朱柽和朱槔已经带着母亲和朱松身怀六甲的妻子一家老小逃到附近深山避难去了。

郑氏馆舍依山傍水，门前有一座山峰挺拔秀丽，造型酷似“文”字，遂被称作“文山”；背后是一座峻峭的山峰，造型酷似“公”字，遂被称为“公山”。尤溪人称这两座山峰为“文公二山”。一天傍晚，文公二山突然同时起火，火被扑灭后，令人惊叹的是文山上过火的痕迹看上去像个“文”字，公山上过火的痕迹看上去像个“公”字。朱松夫妇非常惊诧。据《尤溪县志》记载，朱松当时感叹道：“天降祥瑞，必有所印，此喜火祥兆也！”

就在文公二山起火后的第二天中午——宋建炎四年（1130年）九月十五日，在这颠沛流离、兵戈扰攘的战乱之中，朱松的夫人祝五娘生下了他们的第三个儿子——朱熹。想起前一晚的喜事之火，朱松就为刚出生的儿子取名“熹”，就是“喜”与“火”二字的结合。朱熹名字的由来还有一种说法。笃信地理风水的朱松根据“五行八卦”中“木生火”的原理，又因自己名中带“木”，孩子这辈名讳偏旁部首为“火”，便为儿子取名为“熹”，希望朱家香火延续，发扬光大。由于朱熹出生在尤溪，古称沈溪，朱松还根据西汉辞赋家枚乘《七发》中“沈沈湲湲，蒲伏连延”的句子，为朱熹取乳名“沈郎”（一说称“沋郎”）。按照伯仲季的先后惯例，加上“蒲伏连延”之意，就把朱熹的字号定为“季延”。因为朱熹在同辈中排行第五十二，乳名也称“五二郎”。

由于生活颠沛流离，母亲营养不好，朱熹出生的时候又黑又瘦，而且一出生右眼角还有七颗黑痣，这令朱松和妻子祝夫人惊异不已。

还有传说，绍圣四年（1097年），朱松出生时婺源朱氏古宅的古井白气如云，经久不散。如今季子朱熹在尤溪出生的前三天，远在千里之外的这口古井又忽然紫气如虹，似乎预告着“紫阳先生”降落人间。笃信风水术数的朱松曾请过一名山人问将来富贵，山人回答说：“富也只如此，贵也只如此。生个小孩儿，便是孔夫子。”（《尧山堂外记》卷六《朱熹》）其实，古往今来人们对圣人等奇人异相的传说由来已久。据中国最早的连环画《孔子圣迹图》记载，孔子出生后有异相49处，其中身上长有奇异的黑子，近看像昴星，远看似斗星。出生前有麒麟玉书，出生当天有二龙五老（仙人）出现。

按照当时风俗，在朱熹出生之后第三天即九月十七日，照例举行“洗儿”典礼，亲友邻居纷纷前来祝贺，大家看见小朱熹脸上的七颗痣很像北斗七星，都很惊奇，一致称赞小朱熹“奇人异相”，长大之后，一定会成为非凡的大人物。典礼上，朱松十分高兴，但想想儿子生在这内忧外患、烽火连天的乱世，不免忧心忡忡，悲喜交集，随即咏出《洗儿二首》。

洗儿二首（其一）

行年已合识头颅，旧学屠龙意转疏。

有子添丁助征戍，肯令辛苦更冠儒。

洗儿二首（其二）

举子三朝寿一壶，百年歌好笑掀须。

厌兵已识天公意，不忍回头更指渠。[①]

诗中表达了朱松对儿子朱熹早日成才、为国出力的期待，既充满了希望，又有忧国忧民的不安。

朱熹出生刚三个多月，范汝为、刘时举、余胜起义军发生内讧，建州、剑州一带动荡不安。绍兴元年（1131年）二月，朱松便带着襁褓中的朱熹开始了颠沛流离的逃亡生涯：先是从尤溪逃往古田，躲避在县西三都口的龙爬；当年六月，朱松又逃到长溪，寓居龟灵寺。朱松曾先后上书参知政事谢克家和李回请祠。后来朱松又携家由桐江经福州逆闽江而上返回尤溪；途经福州时，朱松拜谒了福建路抚谕使胡世将，向他进献了进据中原、光复神州的良策。正是这次拜谒给胡世将留下很好的印象，他发现了朱松的才干，便向朝廷极力推荐，使擅离职守四处逃亡的朱松从县尉降为镇监，免遭重罪。

绍兴二年（1132年）正月初，范汝为再次叛乱，占建州，破邵武，欲攻福州。朱松又携家眷前往福州，由于中途受阻就暂住在桐江。正月初九，福建、江西、荆湖宣抚副使韩世忠收复建州，叛军被剿灭，范汝为自

① 朱松：《韦斋集》卷六，《洗儿二首》。

焚身亡。

绍兴三年（1133年）初夏，朱松因反对朝廷与金人议和，被贬为泉州石井镇（今晋江安海）监税，这是一个比乡长、里正还低一级的基层小吏。但是好在保住了这个小小的官职，也保住了一家赖以生存的俸禄。因此，这年五月刚过了四个月安定生活的朱松便又携家眷到泉州赴任。

作为北宋末年知名的理学家，监税石井镇对朱松来说并不得志。朱松早年受二程学说的影响，是二程再传弟子罗从彦的学生，与李侗同学，与著名学者胡宪、刘勉之、刘子羽等是挚友，因此，朱松在公事之余经常召集镇中士子讲习“理义之学”，当地富商黄护还出资在官署旁建了一栋“鳌头精舍”作为朱松讲学之所。朱松在石井镇居住了两年多，是泉州开讲理学的第一人，对当地的教化启蒙影响深远，安海石井镇因此有了“闽学开宗”的美誉。

二、读书开蒙

绍兴四年（1134年）三月，朱松经泉州太守谢克家的举荐，前往杭州入朝应诏。在离开石井镇前将家人送回尤溪，安顿在郑氏馆舍，然后只身到都城临安（今浙江杭州）对策纵论中兴之大业。十二日，朝廷任命朱松为秘书省正字，后历任校书郎、著作佐郎、尚书度支员外郎，转司勋、吏部两曹等官职，最后官至左承议郎、守尚书吏部员外郎兼史馆校勘。

朱松是一位重视教育的儒家学者，早在任政和县尉时，他就在当地兴建了星溪书院和云根书院教育当地子弟，对自己的孩子朱熹更是倾心教育，因此朱熹幼承庭训，深得家学真传。他曾说：“熹之先君子好左氏书，每夕读之，必尽一卷乃就寝。故熹自幼未受学时，已耳熟焉。”又说：“以先君子之余诲，颇知有意于为己之学，而未得其处。”这说明朱熹在入小学之前，已从父亲那里熟知《左传》。而“为己之学”指的就是正心诚意、明辨笃行的孔孟儒学。由此可知，父亲朱松的家学正是朱熹儒学思想启蒙的“源头活水”。

有一天，朱熹听完父亲讲授《管子·上篇·权修》中“一年之计，莫如树谷；十年之计，莫如树木；终身之计，莫如树人”的道理后深受启发，便亲手在馆舍旁种植了三株香樟树，以此来激励自己终身向儒、矢志不渝的志向，并借以答谢郑家的恩情。今天在五夫里还有两株朱熹当年栽下的香樟树，后人称之为“沈郎樟”，又称“朱子树”，以缅怀朱熹。

朱松迁居建瓯后广交学者，谈经说理、谈天论地。在父亲的影响下，朱熹从小就耳濡目染宋代理学思想。当朱熹听大人们谈论天地有边无边的道理时，常常托腮苦想，以至于“思量得几乎成病”，天真的孩子竟严肃得如同一个哲人。《宋史》卷429《朱熹传》记载，南宋绍兴三年（1133年）在小朱熹刚会说话时，父亲指天示之说：“天也。”熹问曰：“天之上何物？”朱松非常惊异。很显然，这都是父亲朱松濡染教育的结果。可见，朱熹自幼聪颖过人，天赋极高，好奇心极强。从此，朱松逐渐转变了“有子添丁助征戍”的看法，把望子成龙、继承儒业的全部希望都寄托在朱熹身上，把年仅5岁的朱熹送进塾学，并耳提面命，亲自授课教育。

为了激励朱熹，朱松还特意写了一首《送五二郎读书》诗，告诉朱熹说，他们家里没有丰厚的产业，希望他好好读书，以便日后诗书传家、光前裕后。诗曰：

尔去事斋居，操持好在初。故乡无厚业，旧箧有残书。

夜寝灯迟灭，晨兴发早梳。诗囊应令满，酒盏固宜疏。

骥羁宁似犬，龙化本由鱼。鼎荐缘中实，钟鸣应体虚。

洞洞春天发，悠悠白日除。成家全赖汝，逝此莫踌躇。①

正是在父亲严格的道学家教和正规的儒家启蒙教育下，朱熹自小便立志埋头苦读圣贤书、奋发学圣人，期待化鱼成龙、功成名就之日。

小学的教材首先是《孝经》。李方子《紫阳年谱》和《宋名臣言行录外集》均有记载："先生幼有异禀，五岁入小学，始通《孝经》，即了其大意，书八字于其上曰：'若不如此，便不成人。'"（《宋史·朱熹传》原文：就传，授以《孝经》，一阅，题其上曰："不若是，非人也。"与此大意相同，略有出入。）说的是绍兴七年（1137年），朱松到京城临安任职，将妻子和7岁的朱熹安置在福建浦城的寓所里，让朱熹开始学习儒家经典。有一天，朱熹听了老师讲解《孝经》之后，拿起笔在《孝经》上题了八个字："若不如此，便不成人。"意思是，如果（我）不按照《孝经》的要求去做，就不是人。可见，儒家的孝道很早就在朱熹幼小的心灵中扎根了，这也是7岁的朱熹离开父亲之后想念父亲的表现。

在父亲的教诲和熏陶下，五六岁的朱熹便已通读"四书""五经"，知晓五行八卦。《宋史》还记载了童年朱熹用树枝在沙地上画八卦的佳话：一日，朱熹在郑氏馆舍门前"尝从群儿戏沙上，独端坐以指画沙，视之八卦也"，因此大家都称朱熹为"神童"。直到今天，尤溪人还把传说

---

① 朱松：《韦斋集》卷五，《送五二郎读书》。

中朱熹画卦的地方——尤溪水岭西岸的沙洲称为“画卦洲”，还在那里盖了一座画卦亭。

朱熹能表现出与众不同的禀赋是与父亲朱松的启蒙教育密不可分的，朱熹后来对《周易》的兴趣很浓，在理论上也颇有建树，如乾道六年（1170年）他在41岁时完成了《太极图说》，晚年写成了《阴符经考异》，还与高徒蔡元定合作完成了《参同契考异》，等等。这些成就其实都主要源自父亲朱松的影响。

朱松也许注定一生与升官无缘，任职仅半年，绍兴四年（1134年）九月，母亲程氏去世，他便辞官回到尤溪为母亲守丧。这一年朱熹4岁，也是朱熹生平第一次体会到失去亲人的痛苦。

第二年年初，朱松携家眷离开尤溪到政和守丧，将母亲葬于将溪山铁炉岭，并寓居在政和星溪守丧，再次失去了升职的机会。而刚过了不足一年安定生活的朱熹，也只好再经一番折腾来到政和，就读于父亲倡议修建的云根书院、星溪书院和松溪吟室。

由于没有了经济来源，朱熹的两位哥哥在饥寒中夭折了，这使4岁的朱熹再次体会到失去亲人的痛苦，朱松更是将全部的爱和希望寄托在季子朱熹身上，百般呵护，谆谆教诲。朱松在丁忧期间，除开办私塾以谋生计之外，一有时间就亲自教授朱熹，朱熹因此受教于父亲膝下，随父亲往返于尤溪和政和之间。这样，朱熹4岁就开始接受父亲的启蒙教育了。

三、广延名师

绍兴七年（1137年），朱松丁忧期满。六月，由于左丞相张浚的举荐，朝廷再次召朱松。朱松将妻儿寄居在浦城长乐里萧颛老师家。萧颛是理学家杨时的弟子，讲究“仁熟”“义精”。朱松在任政和尉时，曾经慕名去浦城拜萧颛为师学习义理，他们之间建立了深厚的师生情谊。朱松在浦城给朱熹请来塾师，开始让小朱熹接受正规的儒家启蒙教育，学习儒家的忠孝节义思想，可以说，这些濡染教育对后来朱熹新儒学体系的形成影响深远。

次年三月，朱松接朱熹母子到临安后，为培养教育朱熹，还特意延请名师杨由义教子读书，主要教授了管仲的《弟子职》、司马光的《居家杂仪》等。杨由义是一位出入公卿门的布衣贫士，忠义爱国，曾奉命出使金国，不肯屈膝跪拜，全节而归，名动朝野，后来官至刑部侍郎。

受父亲家庭教育的熏陶，朱熹10岁左右就开始发奋攻读“圣贤之学”，立下成圣之志。绍兴八年（1138年），朱熹在临安继续苦读“四书”，据说他一下子就迷上了《孟子》这本书。9岁那年，立志想做圣人。朱熹后来回忆说：“孔子曰：‘仁远乎哉？我欲仁，斯仁至矣。’这个全要人自己去做。”又说小朱熹读到“圣人与我同类者”一句时非常高兴，心想圣人与我是同类，我也能做圣人，从此便在心里埋下了成贤成圣的种子，立志学做圣人，最终长成参天大树、国之栋梁。

朱熹在临安期间不但攻读经典，还随父出行游历，认识了不少著名的理学先辈。先是拜见了程颐四大弟子之一的著名理学家尹焞。尹焞是众望所归的大儒，也成了朱熹心目中的圣人。绍兴八年（1138年）四月，尹焞向朝廷进呈自己的《论语解》，朱熹借来这本书，如获至宝，抄录备份，以便随时诵读。后来他特别爱读《论语》，在“四书”中首先集诸家之说写成《论语集注》，就是受到尹焞的影响。

五月，朱熹又见到了湖湘学派的理学大师、吏部侍郎胡寅。胡寅是胡安国的侄子，是龟山杨时的弟子，也是理学湖湘学派的创始人之一。十一月，朱熹又初见应召入都的刘勉之和上疏反对议和的胡铨。这期间朱熹还亲身经历了许多终生难忘的事情。

第二节 言传身教

由于时局动荡、兵荒马乱，朱松一家始终在辗转逃难，他们往来于建州和剑州之间。朱松在福建一方面热衷研究河洛“二程”之学，广交理学名流；一方面将心血倾注在对儿子朱熹的教育上。直到南宋绍兴七年（1137年），朱松因为喜爱建州的佳山胜水，便带着8岁的儿子朱熹从尤溪迁居到建瓯，并在那里建了环溪精舍。

一、忠心主战

绍兴八年（1138年）二月，南宋朝廷罢免主战派领袖张浚，正式定都临安，形成苟安东南半壁的局面。这一幕在朱熹心中留下深深的创痛，以至到了垂暮之年提起这件事还忧愤交加。五月，金国对南宋展开诱降，派遣乌陵思谋携“国书”到临安进行秘密和议。其主要内容是金国同意送还赵佶棺木，放回赵构生母韦氏，并将黄河以南、淮水以北的地区划归南宋，但先决条件是南宋向金称臣纳贡，赵构取消帝号和大宋国号，只做金国的藩属。对于如此丧权辱国的“议和”，赵构、秦桧竟然全盘接受。“国书”到达临安时，胡寅与秦桧在朝堂上激烈争论。赵构、秦桧的无耻求和在朝野内外掀起声势浩大的抗议浪潮，主战派纷纷上疏抗争，尤其是枢密院编修胡铨最为铁骨铮铮，他直接上书请求立斩秦桧、孙近、王伦等三人之头，这消息一时在民间争相传颂。

十二月二十一日，朱松又同胡珵、张扩等人联名上奏，言辞非常激烈，强烈反对向金称臣，堪称宋南渡以来最慷慨激昂、酣畅淋漓的一道奏章，再次在朝野引起巨大震动。这道奏章由胡珵起草，内容主要是朱松的建议。当时父辈们在一起草拟奏章的情景深深地感动了朱熹，激发了其浓浓的爱国情怀。奏章虽然是民心所向，但赵构和秦桧“乞和”之心已决，十二月二十八日，秦桧亲往左仆射馆，以屈膝跪拜礼接受了金国诏书。绍兴九年（1139年）元旦，赵构诏告全国，宣布议和“成功”，这一年正是宋朝开国180年。

朱熹晚年回忆起这一幕时依然十分痛苦地说：“记得我10岁的时候，父亲感慨地对我说：‘宋太祖开国建立大宋王朝，迄今已经有180年了！’父亲说完这句话，一直在叹气。父亲这番话我一直铭记在心。可是又一个甲子过去了，我却身体有病，沦落到如此地步，根本无法尽一个臣子的责任啊！”朱熹深情地怀念父亲，铭记父亲的教诲，可见当时父亲内心的痛苦是如何强烈地震撼了朱熹幼小的心灵，成为朱熹心中永远的痛。

绍兴和议“成功”，主和派气焰更加嚣张，主战派朱松随即遭到排斥贬谪。绍兴十年（1140年）三月十五日，秦桧以“怀异自贤，阳为辞逊”的

“莫须有”罪名将朱松的京官罢免，改任饶州知州。朱松感到回天无力，大势已去，便愤然辞官，于四月同好友范如圭悄然南归，带着朱熹又开始了颠沛流离的艰辛生活。

二、谨承庭训

朱松早在任政和县尉时，就曾往返于政和与建安之间，建炎三年（1129年）年底又曾短时间代理建安职官。这次罢官请辞后，朱松决意在建州城南建环溪精舍继续授徒教学。

环溪精舍建成之前，朱松一家曾一度暂住外甥丘羲家。丘羲是朱松二妹之子，与朱熹年龄相仿，他俩非常投缘，结下了深厚的情谊。《晦庵先生朱文公文集》中就载有多首朱熹与丘羲的唱和诗作及多封往来书信。在建阳丘氏居所，朱松要求朱熹、丘羲刻苦读书，用“知耻可以养德，知分可以养福，知节可以养气”的思想道德教育朱熹，用儒家的忠孝节义、道德文章启迪朱熹，决心把朱熹培养成为“济苍生、安社稷”的英才。

朱松精通《春秋》，他经常给朱熹讲述古往今来兴衰成败的历史故事，以激发朱熹心怀天下、中兴大宋的志向。而此时宋金和议只是一纸空文，南宋小朝廷尚未喘息过来，金人便撕毁和约，大举南侵，南宋军民纷纷奋起反击。六月，刘锜在顺昌（今安徽阜阳）以5000精兵出奇制胜，大破10万金兵。岳飞攻打金兵，恢复中原也是势不可当，取得了朱仙镇大捷，前锋离开封仅四十五里，闽北军民闻讯欢呼雀跃，奔走相告：“宋军大捷，中兴有望！”朱松更是振奋不已。

有一天，朱松照例给朱熹和外甥丘羲授课，这次讲的是《后汉书·光武本纪》中彪炳史册的“昆阳之战”，说的是光武帝刘秀身经百战、历尽艰辛打败篡汉的王莽建立东汉的故事。朱松讲得精彩，朱熹听得认真，朱松又拿出苏轼的《昆阳赋》向朱熹讲解，第二天，他还用行草抄写了《昆阳赋》全文，并在正文前写了一段小序：“为儿、甥读《光武本纪》，至昆阳之战，熹问：何以能若是？为道梗概，欣然领解，故书苏子瞻《昆阳赋》畀之。子瞻作此赋时方二十一二岁耳，笔力豪壮，不减司马相如也。”

朱熹非常珍惜这段受教于父亲的童年时光，从小便有齐家、治天下的宏愿，因此，他一直随身珍藏着父亲手书的《昆阳赋》。时光荏苒，逝者如斯，一晃朱熹已是年届古稀，但他仍然深情地回忆起父亲执教此文时的情景，慈父的音容笑貌恍若眼前，于是他展开字幅，题跋曰：“于今匆匆，五十有九岁矣。病中因览《苏集》，追念畴昔，如昨日事，而孤露之余，霜露永感，为之泫然流涕，不能自已。”朱熹这段文字写于庆元五年（1199年），距父亲手书此文已经相去整整59年，可见此事对朱熹的影响之深远，为朱氏子孙后代树立了孝子践行父教的典范，也永续传承了朱松父子忧国忧民、心怀大义的优良家风。

朱松与崇安五夫里的刘子翚是好友。绍兴十年（1140年）七月，朱松应邀从建阳前往五夫里拜访刘子翚，朱熹随父同行。在五夫里，朱熹认识了这位未来的老师刘子翚，也为他后来的求学生涯做了重要铺垫。

三、“唤醒”环溪

十年寂寞抱遗经，圣路悠悠不计程。这年秋天，建安城南紫芝上坊的环溪精舍终于建成。环溪精舍其实就是家塾，朱松举家迁居于此，朱松就在这里奉祠居住，全心授徒教学。朱熹自然也是其学生之一，在这里开始了他的读书、学习生涯。

朱松的思想源自洛学，师承程颢、杨时和罗从彦，把《中庸》放在“四书”之首。因此，朱松对朱熹和精舍弟子启蒙教育以“四书”的《中庸》为本，注重内心的自我修养。朱熹在隆兴元年（1163年）写的一首《唤醒》诗回忆了小时候的教育。诗曰：

二字亲闻十九冬，向来已愧缓无功。
从今何以验勤怠，不出此心生熟中。①

“唤醒”就是《中庸》中的慎独存养功夫，朱熹认为人应该常存敬畏之心，不可懈怠，永葆警觉清醒境地。诗中还提醒自己在学习上要迎难而上，不断总结，以达到熟能生巧。

在环溪精舍，朱松也传授朱熹《论语》。朱熹后来回忆说：“予幼获承父师之训。从事于此二十余年，才资不敏，未能有得。”这些朱熹关于幼承父教的自述，反映了他当时求学的认真和勤奋。他的学生兼女婿黄榦曾对此有一段评述：“自韦斋先生得中原文献之传，闻河洛之学，推明圣贤遗意，日诵《大学》《中庸》之书，以用力于致知诚意之地。先生早岁已知其说，而心好之。”

---

① 朱熹《朱子全书》中《训蒙绝句》九十八首之一。

在“五经”学上，朱松一生最看重的是《春秋》，通过传授《春秋》把忠孝节义和抗金爱国的思想灌输给了朱熹。朱熹也特别喜欢《春秋》，把它看作自己儒家思想的起点；朱松还致力于诗文，他的诗文在建炎、绍兴时期蜚声诗坛，影响较大。傅自得在《韦斋集序》中说：“故吏部员外郎韦斋先生朱公，建炎、绍兴间诗声满天下，一时名公巨卿交口称荐，词人墨客传写讽诵如不及。”为了重振家风祖业，朱松更是悉心指点朱熹诗词文章，希望朱熹早日科举入仕。

由于家境日窘，朱熹11岁之后由朱松亲自授课。在父亲的悉心教育下，朱熹在建阳时就开始写诗作文，学业突飞猛进。绍兴十一年（1141年），年仅12岁的朱熹诗文便已经出类拔萃。婺源故里前辈诗人俞仲猷会见朱松时看到朱熹诗作，大为赞赏，并带回婺源与诗友董颖共赏，两人都交口称赞，董颖还在一首诗中写道：“共叹韦斋老，有子笔扛鼎。”朱松也很自豪和欣慰，认为孺子可教，后生可畏，“前浪”已老，“后浪”可期。小朱熹天赋非凡，诗文也不同凡响。

可以说，朱熹走向圣贤之路深受父亲朱松的影响。朱松半官半隐，爱好诗歌，诗风平和淡泊，清新流畅，其诗作大多反映了其主政台州崇道观时的生活，《四库全书》收录了他所作的《韦斋集》12卷，《全宋词》收录了他的《蝶恋花》词1首。朱松在当时就因诗文在文人士大夫中享有盛名，而且对科举考试的程式化的文章毫无兴趣，父亲朱松的这种态度直接影响了朱熹，使得朱熹一生淡泊功名，只求成圣成贤。

绍兴十二年（1142年）九月，朱松祠禄将满再请辞官，所以前往福州拜访福建安抚使程迈，并顺道造访永泰诗人张元干和泉州傅自得等人。为了让儿子增长见识，朱松将朱熹带在身边，随行听长辈们讲诗论文。这次出行，不仅让朱熹受到了文化知识的熏陶，也使他的才智初露端倪。当年十二月底，朱熹跟随父亲由福州返回建安，继续他的苦读生涯。

尤溪朱松教子雕塑

第三节 诗书传家

一、慈父见背

绍兴十三年（1143年）三月，朱松病情日益严重，自知时日不多，便在弥留之际给崇安县五夫里奉祠在家的好友刘子羽写了一封信，郑重地将家事托付给他。

朱松之所以在临终前将妻儿托付给刘子羽，是因为他知道刘子羽是一位可托付身家性命的真正挚友。

说起刘子羽，他也是个非同寻常的大人物，他的父亲是抗金名将刘韐，就是他当年发现和提拔了岳飞。后来北宋灭亡，刘韐拒绝金国的诱降而英勇自杀殉国。刘子羽继承了父亲的遗志，擅长谋略用兵，屡建奇功，但因反对秦桧议和而被罢官回乡。而朱松也是一位坚定的主战派，所以二人志趣相投，结为至交。

当刘子羽得知朱松病重后，立即赶到建安探视，朱松非常感动。出于对刘子羽的敬仰和信赖，这位饱经忧患的儒者临终托孤，将朱熹母子托付给刘子羽，要朱熹拜刘子羽为义父，跟随刘子羽到崇安五夫里生活，并交代要将自己的灵柩也运往五夫里安葬。

临终前，朱松还给崇安县的三位朋友写了信，把年仅14岁的朱熹托付给他们共同教育。他们是朱松的道学密友，被称为“武夷三先生”的胡宪、刘勉之和刘子翚。“武夷三先生”都是程门的再传弟子。

胡宪（1085—1162年），字原仲，居于五夫里籍溪之畔，号“籍溪先生”。他是大学者胡安国之侄，家学渊源深厚。

刘勉之（1092—1149年），字致中，号草堂，学界称为“白水先生”，是胡宪的内兄和好友。两人曾同举入太学。当时蔡京严禁元祐书，伊洛之学不传。刘勉之和胡宪秘藏、传抄程氏之书，并潜心研读，学问大进。

刘子翚（1101—1147年），字彦冲，刘子羽之弟，年轻时曾当过幕僚。在得悉父亲刘韐死于靖康之难的噩耗后，痛不欲生，满腔悲愤地扶父亲的灵柩还乡，安葬在五夫里，守孝三年后出任福建兴化军通判，颇有政绩。后因国恨家仇以致忧愤成疾，身体羸弱，不能胜任，便辞职归隐五夫里著书立说，专心学问。

朱松在临终前对朱熹说：“崇安县的胡宪、刘子翚和刘勉之是我的朋友，他们的学问都很深厚，我非常敬佩他们。我死之后，你要像尊敬父亲一样尊敬他们，好好听他们的教导，我就死而无憾了！”

绍兴十三年（1143年）三月二十四日，一生胸怀大志却壮志难酬的朱松在建安的环溪精舍溘然长逝，享年47岁。这一年，朱熹年仅14岁。

刘子羽听到噩耗后立即赶到环溪精舍，此时朱松的遗体已移至灵堂，刘子羽哭吊后，忍痛主持了朱松的葬礼。正在武夷山水帘洞讲学的刘子翚、刘勉之和胡宪得到朱松病逝的消息后，也马上雇船从水路赶到建安。朱松妻子祝五娘哭诉着朱松托孤的遗嘱，并让朱熹向“武夷三先生”行弟子礼，“武夷三先生”垂泪恭立柩前，表示决不辜负好友重托。

二、就学五夫里

朱松做官非常廉洁，可谓一贫如洗，两袖清风，而五夫里刘氏是刘邦之弟楚元王刘交的后裔，世代显赫，到刘子羽这一代权势依然显赫，祖业富足，家学也渊源深厚，这也正是朱松临终托孤的原因之一。刘子羽对朱松的家境十分了解，很同情他，在朱松去世后，就把朱熹一家接到了崇安县的五夫里居住。刘勉之主持料理了朱松的丧事，第二年又把朱松葬到五夫里的西塔山。从此，朱熹和母亲、妹妹朱心一起，开始了在五夫里的生活。

重情重义的刘子羽收留了朱熹母子。为了方便朱熹生活和读书，他将与刘氏庄园隔河相望的一座五开间的旧楼修葺一新，供朱熹一家居住，并且提供了土地、园圃和池塘，很好地保障朱熹一家的生活。就这样，刘子羽谱写了一段“一诺千金”、对挚友诚信忠义的佳话。

朱熹随母亲一起，来到刘子羽提供的旧楼中居住，虽然周边的环境很美，可是朱熹非常怀念刚刚去世的父亲。朱松曾在徽州紫阳山游览读书，并刻有“紫阳书堂”印章。乾道七年（1171年），朱熹因一直怀念祖上故居和去世的父亲，就将这座楼的大厅称为“紫阳书堂”，还用朱松的号“韦斋”命名东偏室，称这座五开间的旧楼为“紫阳楼”，他也以“紫阳”

自号。由此可见父亲朱松在朱熹心目中的地位之高。后来朱松和朱熹的后裔以紫阳朱氏自称即由此而来。

朱熹自从来到五夫里之后，得到了刘子翚、刘勉之和胡宪三位先生的悉心教诲。“武夷三先生”学养深厚，品行高洁，都是名重一时的大学者，其中刘子羽的弟弟刘子翚更是朱熹的启蒙恩师，朱熹的字“元晦”就是他在高宗绍兴十七年（1147年）朱熹18岁时给取的。朱熹后来作《名堂室记》提到刘子翚取字出自“木晦于根，春容晔敷；人晦于身，神明内腴”，寓意是：树木的根在土中藏得越深，春天枝叶就会越繁茂；人的内涵越深厚，其精神就越清爽，内心也就越强大。所以取字“元晦”。中年后，朱熹觉得“元”字太大，便谦虚地改为“仲晦”。后因丁忧时在母亲的庐墓建了一间书房，又号“晦庵”，晚年自称为“晦翁”。也许正是因为朱熹一生韬光养晦，低调做人，高调做事，淡泊名利，才终成一代理学宗师吧。

刘子翚精通儒、释、道三家，在儒、释、道三家的学问方面，都对朱熹有着很大的影响。可惜的是，刘子翚由于父亲自杀殉国而悲伤过度，身体落下了病根，很难痊愈，还没等朱熹学有所成回报恩师就去世了，年仅46岁。

由于刘子羽的周到安排，悉心照料，朱熹一家生活景况虽不富裕，但也不同于一般寄人篱下的生活。刘子羽果然不负好友的重托，竭心尽力抚养教育朱熹，年幼的朱熹也对义父刘子羽非常感激。朱熹定居五夫里后谨记严父遗训，入刘氏家塾读书，谨遵刘子翚为家塾“六经堂”制定的“诵书琅琅，其神乃扬”等学规，寒窗苦读，不敢有丝毫懈怠。

第三章

穷经明理的朱熹

人生如逆旅，漫漫而修远。纵观朱熹一生，其生平活动大致可分为三个时期。第一个时期，从高宗建炎四年（1130年）到绍兴三十一年（1161年），是朱熹的青少年时代，是朱熹刻苦学习、参加科举和初涉政坛的阶段；第二个时期，从绍兴三十二年（1162年）到光宗绍熙五年（1194年），是朱熹中年时代，是朱熹多次参政和讲学授徒、著书立说、集理学之大成的阶段；第三个时期，从光宗绍熙五年（1194年）七月宁宗即位到庆元六年（1200年），是朱熹的晚年时代，是朱熹做宁宗侍讲、理学遭禁、含冤离世的阶段。

第一节　转益多师

朱松一生胸怀大志却壮志难酬，于绍兴十三年（1143年）三月二十四日去世，这一年朱熹年仅14岁。朱松去世前，将朱熹母子托付给了“一父三师”。“一父”指当时居住在福建崇安县五夫里的义父刘子羽，“三师”指日后朱熹的三位老师——胡宪、刘子翚和刘勉之，其中刘勉之后来不仅做了朱熹的老师，而且还成了朱熹的岳父。朱松给他们写信，把朱熹托付给他们共同教育。

朱熹4岁时奶奶去世，不久两个哥哥夭折，14岁时父亲又病逝，亲人的相继离世让朱熹过早地体会了失去亲人的痛苦和死亡的阴影，也使朱熹更加早熟，对亲情格外看重。

五夫里刘氏一族正心修身、爱国为民的家风一直传承有序。刘氏家训曰：“何谓善，居家孝敬，处事仁恕，凡所以修身者，皆是也。何谓恶，恃己势以自强，克人财以自富。”可见刘氏一门为国为民，崇礼文，敬孝道，淳厚家风，经久不衰。

一、三忠一文

“两汉帝王胄，三刘文献家。”“八闽上郡先贤地，千古忠良宰相家。”这是后来朱熹为感恩五夫里刘氏家族而写的两副对联。据崇安五夫里《刘氏宗谱》记载，五夫里刘氏家族一般认为自中唐文宗时入闽，始祖刘翔官至金吾上将军，传到宋七世孙刘韐，他以身殉国，以死明志，后赐谥号“忠显”；长子刘子羽一生抗击金兵，保家卫国，后赐谥号“忠定”；季子刘子翚为南宋兴贤育秀，培养了刘珙、朱熹等名臣大儒，后赐谥号“文靖”；孙刘珙为爱国忠臣，官至宰辅，后赐谥号“忠肃”。五夫里刘氏一家三代皆为忠义之士，“三忠一文”的谥号也为史上少有。五夫里刘氏有慧眼识岳飞的刘韐，有履行诺言抚育朱熹的刘子羽，有潜心讲学的刘子翚，有正直敢言的刘珙。

（一）刘韐：铮铮傲骨，忠义家风

刘韐镇守鹿、延二州时，正逢西夏侵犯宋朝，威胁中原安定。精通兵法的他运用“釜底抽薪”之计，奇袭西夏大后方根据地，迫使西夏退兵求和。由于军功卓著，刘韐被提升为徽猷阁待制，后又任赵州知府。他为官清廉，政事勤敏，在民间威望很高。宣和四年（1122年），朝廷任命童贯为西河宣抚使，任命刘韐为军事参议。刘韐为培养军事人才，特意在河北招募“敢战士”。在被他招募的精兵里，有一位血气方刚的年青人很受他赏识，并被委以重任，最终成为名震九州的抗金名将。这个年青人就是岳飞。

“靖康之变”后，京城陷落，刘韐被调到宫中护驾。后来宋朝割地赔款，刘韐被迫出使金国议和。金人知道刘韐是良将，便以仆射官衔劝降，但刘韐不为高官厚禄所诱惑，毅然写下遗书：“国破圣迁，主忧臣辱，主辱臣死。”而后悬梁殉国，以死明志。

（二）刘子羽：子承父志，政多泽民

建炎三年（1129年），刘子羽统领五路兵马，接连收复延安、晋宁等州县失地，因军功卓著而晋升为徽猷阁待制。绍兴六年（1136年），刘子羽任福建泉州知府。他为官清廉，重教兴学，还把当地荒废的旧学馆修葺一新。清道光版《晋江县志》载：“（刘子羽）绍兴六年知泉州，在郡二年，政多泽民，民爱之如父母。”

绍兴八年（1138年），刘子羽因为不附秦桧的和议，被罢官回到武夷，并在绍兴十六年（1146年）抱恨离世。由于他得罪了投降派的权贵，所以丧仪简约、身后萧条，也没有立神道碑。刘子羽的长子刘珙因此深感内疚，临终前把立碑的遗愿托付给好友朱熹。朱熹也果然不负好友之托，亲自为义父刘子羽撰写神道碑，还写信请张浚之子、南宋著名学者张栻题写了碑额。无数后人为碑中刘子羽那殷殷思亲之情和拳拳报国之志深深感动。

（三）刘子翚：归隐五夫，潜心讲学

刘子翚在任职兴化军（今福建莆田）通判期间政绩显著，后因体弱多病辞官回到家乡武夷山，深受父亲爱国思想的影响，早年就通过游历的方式感受百姓疾苦，辞官后虽隐居乡里，但仍不忘国仇家恨，潜心讲学，热忱地教育乡里学子。他在家宅附近建“屏山书塾”，并效法孔子“有教无类”的教学宗旨，不论贫富广招学子，得到当地百姓一致称赞。朱熹、黄铢、方来等都是他的学生。刘子翚所著《维民论》中的“经世为民”思想令朱熹很受启发，后来成为朱熹“民本主义”思想的重要源头。

（四）刘珙：仗义执言，力挫歪风

刘珙兼任直学士院时，御史杜莘老因弹劾宦臣王继先、张去为而忤逆了皇帝旨意，皇帝命刘珙起草杜莘老的贬职诏书，他却顶住压力坚持不草拟文诰，并为杜莘老解围使其最终没有被贬。

淳熙二年（1175年），刘珙调任建康知府，正赶上接连发生水旱灾害，他立刻上奏朝廷请求免除夏粮税钱六十万缗[①]。同时派官员到长江上游买米以救济性质按平价卖米，对借米的百姓也不收取任何抵押品，因此，他所管辖境内没有百姓因饥饿逃亡，他也深受当地百姓爱戴。由于秦桧当权，南宋朝廷内卖官鬻爵的贪腐现象十分严重，刘珙一直致力于改变这种风气，他公开空缺职位，鼓励符合条件的优秀人才参加选拔，以确保选任人才公平公正。淳熙五年（1178年），刘珙因病去世，年仅57岁。当地老百姓听到他去世的消息，有的停止了集市贸易，在街道上痛哭不止，有的不约而同拿出祭祀供品，焚香哀悼祈愿。

朱熹与刘珙还有一段“义让庄田”的故事。当年朱松托孤于刘子羽和“武夷三先生”，由于朱熹与刘子翚经常在武夷山讲习，武夷山离崇安太远，于是刘子翚在中途建了歇马庄，并买田二百亩供朱熹母子使用。刘子翚逝世后，朱熹想把田地财产交还给其子刘玶及刘子羽之子刘珙。刘氏兄

① 缗：古代计量单位。一缗即一串铜钱，一般每串一千文。

弟以长辈遗命为由拒绝。朱熹任同安主簿届满归来，又向刘珙提出归还庄田之事，刘珙仍不同意。后来朱熹为此事再次致函刘珙，刘珙对朱熹这种重义轻利和谦谦君子之风非常钦佩，只好共同商议将歇马庄田产捐给五夫里的南峰寺作为庙产。

二、亦师亦父

朱松托孤的“一父三师”中的“一父”就是朱熹的义父——刘子羽。作为力主抗金的南宋一代名将，刘子羽10岁时就已精通经史，11岁弃文习武，一直跟随父亲刘韐过着军旅生活。刘韐在靖康之变后去世，刘子羽满怀国恨家仇扶着父亲灵柩归葬家乡五夫里，并誓与金兵不共戴天。建炎四年（1130年），金兵大举南侵，张浚采用了刘子羽坚壁固守、待机而动的战略，使金兵不敢来犯。建炎五年（1131年），刘子羽又联合吴玠采用游击战术大败金兵。然而朱胜非却向皇帝进了谗言，刘子羽被降职到白州（今江苏南京），后又改知福建泉州。

刘子羽罢官回家后一方面与胡宪、刘勉之等好友钻研“二程”理学；另一方面由于喜好佛学，还常跟和尚们一起谈禅论道。因此，朱熹也深受他们的影响，对程学、佛学都很热衷，兴趣很浓。有一次刘子羽打开朱熹的箱子，竟发现里面有一本语录，是当时著名禅宗和尚宗杲写的。这说明当时朱熹是禅、道、诗、文无所不学的，当然，朱熹认为儒家的经典《论语》《孟子》才是“学者所急”，是必须循序而渐进，熟读而精思，非要下一番功夫不可的。后来，朱熹在彻底完成了“逃禅归儒”的转变后，还挥毫写了一幅“鸢飞鱼跃”的书法，借以表达自己完成理学思想体系的架构，实现“天高任鸟飞，海阔凭鱼跃”质的飞跃后的喜悦之情。对刘子羽的这份养育深恩，朱熹一直铭记在心。可惜刘子羽没有等到朱熹报答他，就在朱熹16岁那年，抑郁而终，年仅50岁。

“武夷三先生”探究的是“四书”的义理之学，浓厚的学术氛围长期熏陶着少年朱熹，也决定了他后来为什么专攻义理。由于刘子翚和刘勉之在几年内相继去世，所以之后长达20年的时间，朱熹都是跟随胡宪求学的。胡宪是南宋著名学者、理学家、教育家。幼年从学于同为理学家的叔父胡安国，朝廷曾下诏赐他进士出身并授建宁府教授。但由于当时秦桧专权，他不愿与奸党同流合污，便以母亲年迈为由请辞事亲，潜心理学研究。

朱熹的教育成长环境可谓得天独厚，能同时有三位名师指点，学问自是大有长进。在“武夷三先生”的悉心教诲和指导下，朱熹焚膏继晷，孜孜以求，为日后建立起自己庞大而缜密的思想学术体系打下了坚实的基础。后来朱熹回忆起三位名师的教诲时非常感激，自觉获益匪浅，还写了一组诗来总结自己的心得。下面节选其中一首中的一段：

寿母生朝

一笑谓汝庸何伤，人间荣耀岂可常！

惟有道义思无疆，勉励汝节弥坚刚。[①]

“武夷三先生”诲人不倦，朱熹学而不厌，学问进步飞快。

绍兴十七年（1147年），18岁的朱熹参加了建州地方的乡贡考试，据

---

① 黄坤：《朱熹诗文选译》。

说当时考试是以佛学禅宗的学说来录取的，而主考官蔡兹跟别人却说：“我在评阅的试卷中看到一位后辈（指朱熹）的三篇策论，都是为朝廷谋划大业的，此人将来肯定非同一般。”绍兴十八年（1148年）春天，19岁的朱熹奔赴临安应试，廷试题目是“创业守文之策”，最终名登王佐榜第五甲第九十名，赐同进士出身，这时的朱熹可谓春风得意、踌躇满志。绍兴二十一年（1151年）春天，朱熹参加铨试，夺得中等，被任命为左迪功郎、泉州同安县主簿。绍兴二十三年（1153年）五月，朱熹到同安赴任，开始了他的起落浮沉的宦海生涯。

第二节　勤政爱民

朱熹在泉州同安县主簿兼领学事任上近五年时间，始终强调做官要公。他说："官无大小，凡事只是一个公字。若公时，做得来也精彩，便若小官，人也望风畏服；若不公，便宰相做来做去也只得个没下梢。"初次为官，他的工作主要有两方面：一是为国家收缴赋税，二是按照儒家礼教整饬民风。

一、推行"经界法"

当时，同安县土地兼并和赋税不均现象十分严重，贫富分化日益加剧，朱熹到任不久就发现了症结所在，他希望按照孟子"仁政必自经界始"的主张，在同安推行"经界法"，实施"正经界"。所谓"正经界"，就是根据重新划定的土地疆界，以土地的实际面积收取田税，目的是抑制地主豪强兼并土地而平均赋税，减轻农民负担。朱熹为此还做了不少前期研究和准备工作。

“经界法”实际上并不是朱熹的首创，早在绍兴十二年（1142年），两浙转运副使李椿年就上书朝廷直陈“经界不正”的利害，建议实行“经界法”，后经朝廷下诏委托李椿年在全国大力推行“经界法”。然而“上有政策，下有对策”，“经界法”从开始施行就遭到地主豪强的强烈反对和阻挠。绍兴二十八年（1158年），施行了十几年的“经界法”以失败告终，但它在一定程度上对逃税漏税、赋税不均等严重现象有所扭转。

虽然光宗同意朱熹先在漳州实行“经界法”，但是朱熹在推行时同样遭到了地主豪强的强烈反对，他期待漳州、汀州、泉州恢复经界的希望最终落空。作为一名小小的同安县主簿，朱熹实在是无可奈何。

二、减税利民

“以民为本，抚恤百姓”一直是朱熹经济思想的核心。“正经界”希望落空后，朱熹就把注意力转移到上书请求减免赋税上。他在县主簿任上恪尽职守、兢兢业业，一系列减税政策彰显了朱熹鲜明的均税恤民思想。

当时南宋官税钱较北宋又新增了三种，其一就是经总制钱。由于经总制钱征收项目更多、税率更高，百姓不论荒年丰年都要缴一定数额的税，如果不缴，地方官吏就巧立名目、横征暴敛，使百姓赋税沉重、苦不堪言。因此，朱熹屡次上书指出朝廷经总制钱的弊端，分析了赋税不断加重的趋势，主张“正君心”、“正经界”、均赋税，要求革除弊政，实行仁政，恤民减税。

朱熹对主簿这一职务很热心，每到税收时就先贴出文告，要求限期缴纳税金，否则就要严厉处罚。朱熹还经常一一核对赋税出入的账目，防止下面的官员贪污、“做手脚”。后来朱熹回忆当时的情形说：“主簿就职内大有事，县中许多簿书皆当管。某向为同安簿，许多税出入之簿，逐日点对佥押，以免吏人作弊。”①

刚刚做官的朱熹在主簿任上勤勤恳恳、兢兢业业，用他后来写的诗句形容就是“苟利于民，虽劳无惮”“王事贤劳只自嗤，一官今是五年期”。②

三、明德崇教

春风化雨润万物，一枝一叶总关情。主簿的职责之一就是管理县里的教育事务。朱熹对自己的工作很尽责，尤其热心的是教育。在整顿赋税无果的情况下，朱熹继而致力于整顿县学，振兴儒学教育。他认为教育才能真正拯救世道人心，有补于世。当时同安县学在秦桧严禁程学的社会环境下凋零衰微，校舍破败，藏书寥寥，读书人也无书可读，且功利、庸俗、浅陋，朱熹决心重整学风，兴贤育秀。因此，他发布了《谕学者》《谕诸生》《谕诸事》等文告，确立了县学宗旨大纲，厘清制度，统一思想。朱熹还挑选县里的优秀青年进县学，遍访、诚邀当地德才兼备的柯翰、徐应中和王宾等人担任县学教师。

同安县学的官书在南渡时散落殆尽，朱熹就精心整理北宋英宗南渡

---

① 《朱子语类》卷一〇六。

② 《朱文公文集·别集》卷七、卷二。

时留下的一柜残损书，并在民间广泛搜集，建立了图书馆“经史阁”，解决了县学师生图书缺乏的问题。

朱熹还修缮了县学校舍，建立“教思堂”，并按照孔子“志于道，据于德，依于仁，游于艺”之说，重建县学“志道”“据德”“依仁”“游艺”四斋，以讲论问答的方式讲解“修身、齐家、治国、平天下”之道，引导学子走上“正心诚意”之路。这样，一个偏僻破败的县学在朱熹的努力下重新焕发了生机。朱熹还曾到金门“以礼导学”，开启了金门文风大门，创办了厦门地区最早的书院——燕南书院，从此金门文风大盛。

孔子曾说：“人无礼，无以立。”然而南渡以来，礼学废弃，无人问津。朱熹在同安大力推行礼学教育，以重整穷乡僻壤的士风、民风。他认为礼是“正风俗”“防祸乱”的根本，因此还参考《周礼》《仪礼》《唐开元礼》《绍兴祀令》等资料，亲自画了一套仪器和衣服式样，在祭孔时使用。朱熹还针对当时流行的婚礼旧俗，严格婚姻之礼，禁止抢婚、私奔等有违礼仪的行为，纠正了当时因“贫不能聘”而引发的一些婚姻陋习。

朱熹曾到同安的建安书院讲学，在为书院撰写的《艮泉铭》中说到“清于官，美于俗，是为建民之福”。他希望做官要像水一样清廉，民风要像水一样淳朴，让这水滋润一方，造福百姓。朱熹是这样说的，也是这样做的。

为官一任，造福一方。朱熹在初登仕途的同安勤政爱民、兢兢业业，深受黎民百姓的拥戴。当朱熹要离开同安的时候，百姓一直送他到小盈岭，纷纷扳住朱熹的车辕，用脚抵住路旁的巨石不忍让他离开，朱熹在一块巨石上题字“扳辕石”，以感谢同安百姓的厚意。据《泉州府志》

记载，朱熹“革弊兴利，缓急有序。事无大小，必亲裁决。赋税簿籍，逐日点对，以防吏弊。利于民者，虽劳不惮；五载秩满，士思其教，民思其惠”。后来同安百姓还在县学的学宫建立了朱熹祠堂，以表怀念。

几年同安主簿生活，对朱熹来说，有失败，有成功，更多的是对南宋社会弊端日益严重的察省与忧虑，他已经厌倦了官场，觉得是时候归隐山林、潜心学问了，于是，在绍兴二十七年（1157年）十月，朱熹就以“奉亲讲学”为由向朝廷申请回到崇安。在宋代，地方官员的任职期限一般是三年，而朱熹任职已过四年，接任的人仍然没到，所以朱熹回到崇安故里也是名正言顺的。

绍兴二十八年（1158年）冬，朱熹又以养亲为由向朝廷要求调职，得了一个“监潭州（今长沙）南岳庙”的头衔。按照当时官制，“奉祠”是可以不用去潭州赴任的。因此，朱熹在此后一段时间深居穷山，埋头研读儒家经典。次年八月，因为宰相陈康伯的推荐，朝廷召朱熹赴临安，朱熹闻讯后上奏称“素有心气之疾”，请求推迟入朝。

四、受学李侗

学海无涯，开卷有益。朱熹一生酷爱读书、藏书、写书，即使初登仕途，仍不忘读书学习。他认为自己虽然考取了进士，但以前学习是“贪多嚼不烂”，因此决定把主要精力放在“义理”及融会贯通上，有时为了一段文字的“义理”常常苦思冥想、废寝忘食，直到理会透彻为止。绍兴二十七年（1157年）十月，朱熹为表拜师诚意，在同安县任职期满后，专程从五夫里步行三百多里前往延平拜李侗为师，讨教理学的真谛。功夫不负有心人，几经辗转，朱熹终于在绍兴三十年（1160年）正式拜李侗为师，找到了人生引路的明灯。

李侗（？—1163年），为学主张“默坐澄心，体认天理”，以“胸中洒落如光风霁月”为座右铭。李侗学术源于程颐，下启朱熹，年轻时拜杨时和罗从彦为师，而朱熹又求教于李侗，得到了李侗的正传，因此，朱熹便成为“二程”的四传弟子，成为儒家“道统”系谱中的重要人物。

朱熹拜李侗为师以后，谨遵李侗先师的“二程”理学之道，经自身践行努力，达到思想与理论的巅峰，学术思想也发生了很大变化。从初见李侗时还留恋于佛学，到后来潜心读书，专心儒学，终于悟道明理，成为一代理学宗师。

第三节　忠心主战

朱熹所处的南宋偏安一隅，不断受到金国侵扰，内忧外患，朝野上下异常关切宋金和战的问题。朱熹自幼学习理学，深受父亲反对和议、力主抗金思想影响，内心深植了以家国天下为己任的种子，从小便立志报国、恢复中原，这也是他和同样为“主战派”的陆游、辛弃疾等人能成为志同道合挚友的重要原因。

尽管朱熹同安任后暂时退隐研学，但是他依旧忧国忧民，密切关注时局发展。可以说，朱熹在宋金和战问题上态度是明确的，那就是反对和议、力主抗金，至于后来主张和议，也只是韬光养晦的缓兵之计，是强调准备，主张南宋先积蓄军事实力，不打无把握之仗，待时机成熟时再全力抗金，因此朱熹一生的抗金思想始终如一。

然而，他的执着追求却经常与现实发生激烈冲突，经常受到主和派的打压排挤，再加上他性格固执坦率，经常直言上谏，因此得罪权贵，仕途坎坷。最后，朱熹的学说被定为“伪学”，自己也落魄而终，但他始终没有放弃对家国情怀的坚守和对世事不公的抗争。

一、初战告捷

绍兴三十一年（1161年）九月，宋金关系风云突变，再度紧张，金主完颜亮率兵百万分三路南侵，直逼临安城。他志在必得，张狂至极，曾骄横地在绘有“临安形胜”的画屏上题“立马吴山第一峰”诗句，企图一举灭宋。高宗赵构惊恐万状，准备出海南逃，后在右相陈康伯等人的竭力劝阻下才作罢，并勉强下诏“亲征”。不久，金东京留守完颜雍夺取政权自立为帝，完颜亮在扬州被部将杀害，于是宋军乘机追击，陆续收复了邓、蔡、秦、洮等10余州的失地。

当宋军胜利的消息传到延平时，朱熹欣喜若狂，兴奋地与人唱和，先后写下了《次子有闻捷韵四首》《闻二十八日之报喜而成诗七首》等10多首诗歌表达庆贺之情。如《次子有闻捷韵四首》：

其一

神州荆棘欲成林，霜露凄凉感圣心。

故老几人今好在，壶浆争听鼓鼙音。

其二

杀气先归江上林，貔貅百万想同心。

明朝灭尽天骄子，南北东西尽好音。[①]

---

① 《朱文公文集》二卷。

诗中洋溢着激动之情，大有“漫卷诗书喜欲狂”之感。朱熹还致函当时负责军事的枢密院大臣黄祖舜，向他总结了完颜亮南侵前后朝廷的种种失误，分析当前双方形势，抨击了当朝苟安主和政策，并提出了长远的御敌恢复计策，希望重用张浚等抗金名臣，加强东南防御工事。遗憾的是，这些中肯建议并未引起朝廷的足够重视。

二、美芹之献

时位移人，世事多变，抗金形势突然大有转机。绍兴三十二年（1162年）六月，新帝孝宗赵眘即位，他支持抗金，有恢复中原之志，因此，他一即位就贬谪主和派，重新起用张浚等抗金名将，并追复岳飞官爵，还昭告天下要广开言路。朱熹似乎看到了希望，于是于八月七日在监潭州南岳庙任上，向皇帝写了长篇《壬午应诏封事》。这篇封事饱含强烈的爱国激情，全面剖析了当时南宋的社会状况，表明了朱熹抗金的坚定决心。

他尖锐地指出，宋金有不共戴天之仇，议和百害而无一益，劝说孝宗以身作则，遵照儒家经典的义理办事，闭关绝约，任贤使能，立纲纪，正风俗，以期达到富国强兵、抗金雪耻的目的，并向皇帝提出三项重大措施：讲学明理、订计恢复、选贤任能。

孝宗被这封奏疏感动了，当即命朱熹入朝奏事。朱熹赶到杭州时，却赶上宋军抗金失利，朝廷正派人议和，他当即强烈反对。从十月二十四日有旨引见，到次年一月六日垂拱殿上他受到孝宗接见，朱熹接连上了三道奏札。

第一道奏札继续讲正心诚意、格物致知的“圣学”，指责赵眘沉迷于佛道，背离儒家大道，再次强调皇帝应该明《大学》之道，以修身为本。

第二道奏札反对议和，指责遣使求和的失策。朱熹将战和问题上升到天理的高度加以阐述，指出复仇雪耻才合乎天理。

第三道奏札主张内修政事之道，指责皇帝宠信奸佞。朱熹认为抗金的关键不在军事和防卫，而在于朝廷的德业和纪纲，建议孝宗从善纳谏，罢黜奸佞，固本安邦。

可以说，作为一个无名的小祠官，朱熹是非常勇敢的，他的奏札言辞激烈，非常尖锐。对不喜欢“道学”的孝宗皇帝来说，他开始还能故作雍容大度，当看到第二、第三道奏札时便无法掩饰自己的愠怒了。他之所以召见朱熹不过是在天下人面前做个样子，是不可能认真对待的。尽管这次召见他心里非常憎恶朱熹，但还是感于朱熹的忠心，在十一月十一日封了朱熹一个武学博士待次的虚职。“宁为百夫长，胜作一书生。”这个职务对朱熹来说很讽刺，也很尴尬，真是秀才遇见兵，有理也说不清啊！而且按规定还需等到四年后有空额时才能就职。朱熹在临安时还乘机见了张浚，提出了北伐中原的具体想法。

三、孤掌难鸣

隆兴元年（1163年），孝宗支持张浚出师北伐，并罢免了主张议和的右相史浩。宋军北伐之初捷报频传，收复了一些州县。

这年十月，孝宗再次召见朱熹，朱熹利用这次机会继续重申他的“三纲领”和“八条目”主张，即要求皇帝以明明德、亲民、止于至善这“三纲领”和格物、致知、诚意、正心、修身、齐家、治国、平天下这“八条目”为指导，先从皇帝做起，再施行于臣民。孝宗非常赞许这些意见，然而终因阻力太大，未能得以施行。

“隆兴北伐”实际上是虚张声势，注定要失败的。孝宗即位以来的第一次北伐以失败告终后，力主恢复中原的抗金热情陡然下落，主和论调甚嚣尘上，孝宗重新起用主和派汤思退为右相，甚至派人前往金廷议和。孝宗的抗金决心动摇了，于是从前线召回张浚，罢去他的相位，调任为福州通判。张浚报国无门，痛心疾首，不久便在赴任途中病逝。朱熹闻讯后立刻赶到豫章（今南昌）为张浚送葬。

张浚去世后，投降议和的汤思退更加肆无忌惮。十月，金军渡过淮水大举入侵。十二月，宋金签订《隆兴和议》，这是继《绍兴和议》之后的又一个丧权辱国的条约。宋割让海、泗、唐、邓、商、金六州，不再向金称臣，改称侄皇帝，金为叔，宋为侄，原来的“岁贡”改称“岁币”，每年需向金国缴纳20万两贡银。

朱熹为朝廷上下的不思光复、乞和苟安而忧心如焚，为报国无门而顿生“百无一用是书生”的感慨，只好写诗以抒发愤懑之情。如《感事再用回向壁间旧韵二首（其二）》写道：

廊庙忧虞里，风尘惨淡边。
早知烦汗马，悔不是留田。
迷国嗟谁子，和戎误往年。
腐儒空感慨，无策静狼烟。

乾道元年（1165年）四月，朱熹在南宋朝廷的一再催促下不得不到临安就任武学博士之职，这一官职实在是朝廷故意戏谑朱熹，让他勉为其难。朱熹深深感到君心不正，根本不立，一切就无从谈起。自己一定要"扫除"朝中投降乞和的奸佞小人。不久，朱熹就与钱端礼、洪适等主和派发生激烈冲突，他深感势单力薄，无济于事，坚决请辞回乡。在回崇安前，朱熹还写信给吏部侍郎陈俊卿，尖锐指出"讲和之说"的危害，抨击议和投降派。回到崇安后，朱熹继续隐居著述，没想到这一次竟长达14年。这期间他还与张栻进行了南宋最早的书院会讲之一——"朱张会讲"。

四、朱张会讲

如果将中国儒家的代表人物做个辩论擂台排行榜，就会发现排名最靠前的，除了孟子，大概就应该是朱子了。孟子善辩，不但有"浩然之气"，还总有办法"请君入彀"；而朱子则是好辩。为了格物穷理，追求真理、真知、真情，一生论辩无数，但场上是唇枪舌剑的对手，场下却都是非常要好的朋友。

这不，李侗死后，朱熹追思老师所传觉得似懂非懂，于是便和时在潭州的张栻通信讨论。

张栻年轻时就酷爱道学，后来又到衡山从学于著名道学家胡宏。这时，他正在潭州岳麓书院和城南书院讲学。乾道三年（1167年）九月，朱熹从福建崇安到潭州城南书院拜访张栻，就《中庸》之义的"未发""已发"等问题进行讨论。据说三天三夜也没有达成共识，直到十二月，他才回到崇安。朱熹在与张栻辩论交流之余还游览了城南的20处风景，并写了20首《奉同敬夫兄城南之作》（简称《城南唱和诗》）答和张栻，可见当时两位大儒是颇有文人雅致和闲情逸趣的。在以后的几年内，朱熹和张栻仍继续通信讨论，互相切磋。

经过激烈辩论，朱熹对张栻的“性为未发，心为已发”等观点曾表示赞同，同时也指出他的弊端和问题。此后，经过一段废寝忘食的苦思冥想，他又研读了“二程”的著作，终于否定了张栻的看法。这就是著名的“朱张会讲”，是南宋最早的书院会讲之一，开启了湖湘学派与闽学派的交流，对两派学术思想的形成和发展影响深远。

岳麓书院内朱张会讲雕塑

第四节 赈灾救荒

一、崇安山洪

洪水无情，苛政如虎。乾道三年（1167年）七月，崇安暴发严重山洪，大水冲毁房屋，淹没农田，百姓死伤无数。朝廷派朱熹前往视察灾情，朱熹用了整整10天视察了崇安的所有灾区，目睹了灾情的严重，深切感受到官僚对百姓疾苦的漠不关心，愤懑得简直不想与他们继续共事。

由于水灾严重，颗粒无收，地方官又救济不力，到了乾道四年（1168年）春夏之交，崇安青黄不接时又爆发了大饥荒，闽北建阳、崇安、浦城一带发生了饥民暴动。朱熹当时正在五夫里祠禄养亲，崇安知县诸葛廷瑞急忙请朱熹共商救灾大计。朱熹一方面动员豪强地主开仓放粮，以平价赈济灾民；另一方面上书建宁知府徐嘉，请求发放作为官仓的常平粮仓的存粮，以紧急救灾。这才平息了饥民暴动。朱熹由此便想出了建立“社仓”的办法。

二、社仓赈灾

天下粮仓，以食为天。自古以来，粮食始终是国家的“压舱石”，粮食安全是历朝历代第一紧要的大事。乾道五年（1169年）九月，朱熹母亲去世。在家守孝的朱熹又先后上书建宁知府，请求在五夫里建立社仓，官府最终支持了朱熹的惠政善举。在社仓竣工后，朱熹又举荐当地德高望重的刘复、刘琦等四人共同管理，并制定了仓规，还取得了前丞相时任福州知府陈俊卿的鼎力相助。

乾道七年（1171年）八月社仓建成，五谷丰登，仓廪盈满。此后，春夏青黄不接之时放粮，冬秋时节收储存放，变官仓赈粜为民仓赈济，对老百姓非常有好处。据康熙《崇安县志》记载，竣工当天，朱熹还在仓壁上题了一首警示诗，借以劝诫粮仓管理人员。

度量无私本至公，寸心贪得意何穷。

若教老子庄周见，剖斗除衡付一空。[①]

五夫社仓建成后，建宁各地争相仿效推广，纷纷建仓储粮。五夫社仓建成的十年，即淳熙八年（1181年）十二月，在朱熹提举浙东常平茶盐公事任期内，发生灾荒，老百姓流离失所，哀鸿遍野，于是他向孝宗皇帝奏献救灾之策。他列举了在崇安五夫里创办社仓的好处，猛烈抨击官仓的弊端。孝宗有感于朱熹的敢于直言，褒奖了他，并立即派他回浙东救荒。

朱熹果然不负朝廷重望，当年就缓解了灾情，渡过了灾荒，没有一个

---

① 《朱文公文集·别集》，《题米仓壁》。

饥民饿死。淳熙九年（1182年），朱熹还上奏朝廷建议大力推广社仓法，并恳请朝廷放粮赈济灾民。他认为不能过分地盘剥农民，否则就会激起祸乱。他主张通过建立社仓来解决农民因青黄不接而造成的缺粮问题。他规定了社仓的任务，即每年秋冬收新粮，春夏放旧粮。让借粮者出十分之二的利息。如果有小饥荒，利息可以减半；如果有大饥荒，利息可以全免。当然，设立社仓的最大好处是可以防止农民暴动，于是朝廷在各府州颁布执行“社仓法”，但由于此法对官僚地主和高利贷者不利，最后未能在全国推广，只在福建建阳和浙江金华等极少数地方实行。

尽管如此，朱熹建立的第一个粮仓五夫社仓开创了救荒先河，被誉为“先儒经济盛迹”，这是中国自隋唐以来第一所州县级以下的官办粮仓，一直保存至今。朱熹对“社仓法”也沾沾自喜，很是得意。

三、鹅湖之会

我本将心向明月，奈何明月照沟渠。朱熹在主政五夫社仓之余，也没有忘记他的“主业”——传道说理。父亲早逝，“提携教育，实赖母慈”，朱熹对母亲尽心尽孝。母亲去世后他十分悲痛。第二年正月，朱熹将母亲葬于建阳崇泰里寒泉坞，并在墓侧建寒泉精舍守丧。七月，他又把父亲的墓从五夫里西塔山迁葬到寂历山。之后他就在寒泉精舍潜心研读著述，一心向学，不问世事。

乾道六年（1170年），朱熹在人生不惑之年，开始独自办学，开讲授徒。他创办的第一所书院就是寒泉精舍，办学五年最大的成就就是着手集解“四书”，这在中国学术史上还是首次将《论语》《孟子》《大学》《中庸》四部书汇集一起作注释，后来《四书章句集注》也成为凝结朱熹心血最多的一部巨著，以至于他在临终前一天还在修改《大学·诚意章》。朱熹还邀请吕祖谦合撰了《近思录》，第一次勾勒出比较完整的理学体系。

在南宋，朱、陆两家是理学内部唯心主义的两个不同学派，在理学家之中，朱熹当时已是理学泰斗，陆九渊也是学术大咖。陆九渊比朱熹小9岁，由于思想方法和学术观点大相径庭，两位学术翘楚进行了长期争辩。虽然差异很大，互不认同，但也都没有完全排斥对方观点，均能理性对待、彼此包容。朱、陆二人主要是通过书信往来进行交锋，然而鹅湖之会却是一次例外。

孝宗淳熙二年（1175年）五月，吕祖谦为调和朱、陆的学术争论，在朱熹的授意下邀陆氏兄弟到江西信州铅山（今江西上饶）鹅湖寺进行了为期三天的“鹅湖之会”。这是中国学术史上一场朱、陆针对理学“本体论”的有名的学术论辩。

辩论伊始，双方就尖锐对立。陆氏兄弟和朱熹见面时，先拿出他们在途中写的唱和诗给朱熹看。陆九龄的《鹅湖示同志》诗云：

孩提知爱长知钦，古圣相传只此心。
大抵有基方筑室，未闻无址忽成岑。
留情传注翻榛塞，着意精微转陆沉。
珍重友朋勤切琢，须知至乐在于今。①

---

① 《陆九渊集》卷三十四。

陆九渊觉得没有说透，便又写了一首和韵诗《鹅湖和教授兄韵》：

墟墓兴衰宗庙钦，斯人千古不磨心。
涓流积至沧溟水，拳石崇成泰华岑。
易简工夫终久大，支离事业竟浮沉。
欲知自下升高处，真伪先须辨古今。[①]

局外人看了有些云里雾里，朱熹见了却知道陆氏兄弟意在讽刺自己的“格物穷理”是“支离事业”，于是也和诗一首《鹅湖寺和陆子寿》：

德义风流夙所钦，别离三载更关心。
偶扶藜杖出寒谷，又枉篮舆度远岑。
旧学商量加邃密，新知培养转深沉。
却愁说到无言处，不信人间有古今。

“却愁说到无言处”意指二陆为“空疏”。此次鹅湖之会，双方辩论了三天，朱、陆观点可谓针锋相对，双方各执己见，最终都未能说服对方，结果不欢而散。如今这座古寺被叫作“鹅湖书院”。

正如江河虽源头不同，最终归于大海，学术主张不同，最终也会归于大道。鹅湖之会五年后，陆九渊来到白鹿洞书院请朱熹为其兄陆九龄撰写墓志铭。朱熹不仅答应了陆九渊的请求，还邀请陆九渊为白鹿洞书院师生讲学，陆九渊也欣然同意。他讲解的是《论语》“君子喻于义，小人喻于利”章，听者无不动容，深受启发。这件事说明朱、陆的观点虽有分歧，但他们在学术交往和待人处世的态度上都宽容大度、平等论道，尽显谦谦

① 《陆九渊集》卷三十四。

君子的大师风范。他们求同存异的气度也为后学所景仰。鹅湖之会开中华理学辩论之先河，促进了学术自由和风清气正，吸引各方学者前往领教，而后逐渐形成朱学、陆学两大派系，推动理学空前发展，出现了百家争鸣的学术繁荣景象。

钟不敲不鸣，人不学不灵。灯不拨不亮，理不辩不明。朱熹一生为了论道明理，经历了大大小小很多次学术论战——清算宗杲佛学论战、和张栻岳麓会讲、与陆九渊“鹅湖之会”、同陈亮的义利王霸之辩等等，不一而足，而正是通过这些论战，朱熹恢宏谨严的客观唯心主义哲学体系才得以最终确立。

四、亦仕亦隐

乾道九年（1173年），朝廷任命朱熹担任左宣教郎一职，主管台州崇道观，当时他就辞掉了。第二年六月，朱熹君命难违，只好赴任这一虚职。淳熙三年（1176年）六月，朝廷下令让他入朝担任秘书省秘书郎，但此时的朱熹对朝政非常失望，不愿入朝任职，但朝廷不准，朱熹第二次请辞。迫于朱熹的学识和名望，朝廷只好同意他依然主管武冲观。这年十一月十三日，朱熹的母亲去世。

朱熹虽然隐居深山，埋头于思想学术研究，但他依然忧国忧民，心怀天下苍生社稷。当时很多人都希望朱熹能再次“出山”，一些士人还对朱熹寄予厚望，发出了“晦庵今年登五十，鬓华未改目光力。徘徊吴楚已多年，晦庵不急苍生急”的感慨。朱熹的学术成就和巨大声望也使皇帝左右为难，不任用会招弃贤之嫌，任用又怕他“干扰”朝政。淳熙五年（1178

年）经宰相史浩推荐，朱熹任知南康军。朱熹的济世安邦热情又被调动起来了，于是在第二年春天，他结束了隐居著述生涯，重返政坛。

五、南康恤民

朱熹在南康上任伊始，正遇上庐山南麓秋旱，土地干裂，禾苗干枯，庄稼歉收甚至绝产，百姓生活非常困难。经过调查研究，朱熹颁发了第一个施政纲领《劝谕救荒文》，劝导地主富绅同情、救济农民，把粮食以公平的价格足斤足两卖给农民，同时要求本地农民做好耕田种地的本分，不要离乡流亡，对于违反者严惩不贷。

为了让百姓安居乐业，朱熹还颁布了《知南康榜文》：

> 第一，宽民力。针对南康土瘠民穷、役多税重的社会问题，希望老百姓都畅所欲言，直陈时弊。
>
> 第二，敦风俗。请父老乡亲每年集会教导子弟，使他们懂得孝悌，敦亲睦邻，互帮互助，患难与共，形成良好的民风。
>
> 第三，明教化。提倡忠义气节，砥砺士风，兴办学校，培养人才，请乡里父老推选子弟入学读书。

围绕这一系列施政纲领，朱熹在南康任上进行了步履维艰的社会改革。朱熹不仅宣扬教化，实行德治，而且注重实行法治，维护社会治安。对于欺压百姓、违法乱纪的恶霸豪强，坚决严厉打击惩处。

朱熹反复上书朝廷请求减免星子县的赋税。在奏疏中朱熹指出，南康田地荒芜，人烟稀少，但税额却不断增加，老百姓不堪重负，纷纷逃荒流亡，然而朝廷想的不是如何恤民，而是如何增税。朱熹因此遭到朝廷斥责，最后减税之事不了了之。朱熹还将他的“榜文”张贴城乡，秋后又下发了《劝农文》，劝农民趁天时多种荞麦、大麦和小麦，终于带领老百姓渡过灾荒。

淳熙七年（1180年）三月，孝宗故作姿态命令各地监司郡守上奏民生民情，于是朱熹便上奏了《庚子应诏封事》，提出了“恤民”“省赋”“治军”等主张，劝说孝宗要从“正心诚意”开始来治理国家，并针砭时弊，提出了具体整治方案。孝宗对朱熹的尖锐批评非常恼怒，后在大臣劝说下才没有罢免朱熹。

当年五月，南康发生了特大灾荒。朱熹一方面请求朝廷减免星子县的赋税，筹集赈灾粮食；另一方面调动南康军四个县的数千灾民修筑长江石堤。他还亲力亲为，到工地视察，为国为民都实实在在做了一件大好事，受到当地百姓的热烈拥戴，政治声望极高。这年冬天朱熹又把旱情上奏给朝廷，朝廷最终同意减免赋税、开仓放粮。淳熙八年（1181年）正月，朱熹在各县设场共35处赈粜，直到三月十五日才使南康饥民顺利渡过灾荒。

然而，朱熹减免税役和打击豪强的努力遭到重重阻挠和反对，最终以失败告终。

朱熹在南康任上真正取得成效的是敦励风俗和砥砺士风。他为了教化民众颁布了《劝谕榜》，每隔几天就到学宫为学生亲自讲授《大学章句》《论语集注》等儒家经典，还邀请郡县贤德之人担任学职，不久当地士风为之一变。朱熹还修建了五贤祠，印发《孝经》《礼》等让每家每户诵读。

这期间，朱熹还修复了白鹿洞书院，并制定了《白鹿洞书院揭示》等一整套规章制度。由此讲学之风日盛，对南宋以后的教育特别是书院教育产生了重要且深远的影响。

白鹿洞书院

第五节　惩奸除恶

一、临危受命

淳熙八年（1181年）三月，朱熹除提举江南西路常平茶盐公事。七月，朝廷认为朱熹赈灾有功，升他任宣教郎直秘阁。同年，邻近京城的浙东大旱，很多天滴雨未下，农田龟裂，饥荒严重，当地百姓卖田拆屋，卖儿鬻女，甚至连读书人和官员也去乞讨了。

宰相王淮虽然厌恶理学，但考虑到朱熹之前在南康治荒政绩出色，认为他是解难纾困的最佳人选，于是奏请朝廷任命朱熹为提举两浙东路常平茶盐公事，去浙东赈荒。朱熹再次向朝廷递交辞呈，请求免去新职，朝廷不同意。后来又在延和殿上朝面奏，上陈七条，分析了孝宗执政20年间灾害频发的原因，痛陈当时社会的种种政治弊端，提出浙东赈荒救灾的设想，既切中肯綮，又实事求是。朝廷首肯了朱熹的奏章，于是朱熹在当天就单车上路，昼夜兼程直奔浙东赈灾去了。

朱熹到浙东后全力以赴赈荒救灾。他经常轻车简从，微服私访了解民情；他不断上奏朝廷请求蠲免税租，鼓励富豪地主放粮助赈；他日夜操劳、废寝忘食，严肃查处并弹劾行贿受贿、徇私枉法的官吏，一时间郡县的官吏们谈“朱”色变。

朱熹首先上奏弹劾了绍兴兵马都监贾佑之，因为他没有如实上报饥民情况，导致很多饥民得不到救济而被活活饿死。

还有绍兴府官员密克勤，在嵊县当地饿死很多饥民的情况下，他竟然胆大妄为，利用从平江府押运救灾大米之机，偷盗粮食4160石，然后用掺杂米糠、沙土的卑劣手段来补缺。对于这种丧心病狂的贪官，朱熹怒不可遏，立即上表弹劾，请求朝廷责令绍兴府立即逮捕密克勤，依法处决，并追回所盗粮食赈济灾民。

对于隐瞒灾情、谎报政绩、横征暴敛的衢州官吏李峄、张大声等，朱熹也上奏弹劾。朱熹的做法令百姓拍手称快。

二、疾恶如仇

“天上星多月不明，地上坑多路不平。池中鱼多搅浑水，世上官多不太平。”封建社会官场历来都是钩心斗角、尔虞我诈、官官相护，到头来遭殃的都是老百姓。如果说朱熹在浙东雷厉风行惩办了一些贪官污吏和地方豪强是秉公执法的话，那么他六次上疏弹劾原台州知府唐仲友则算得上是奋不顾身、惊世骇俗了。因为唐仲友位高权重，后台很“硬”，是当朝宰相王淮的亲戚，还是吏部尚书郑丙和侍御史张大经的密友。

朱熹还没到台州地界就看见很多饥民纷纷逃难，巡行台州后发现灾情非常严重。淳熙九年（1182年）七月，朱熹经过查访得知，这是时任台州知府的唐仲友在荒年违法催缴赋税造成的。他勃然大怒，于是全面调查唐仲友，民怨沸腾的百姓也纷纷前来告状，一下子列举了唐仲友八条罪状：违法收税，骚扰百姓；贪污官钱，偷盗公物；贪赃枉法，敲诈勒索；培养爪牙，为非作歹；纵容亲属，败坏政事；仗势经商，欺行霸市；蓄养亡命，伪造纸币；嫖宿娼妓，通同受贿。所以朱熹从七月十九日到九月上旬先后六次上奏孝宗皇帝，揭发唐仲友的各种罪行，要求严惩。

特别是朱熹的第三封弹劾奏状，从残民、贪污、结党、淫恶等四个方面对唐仲友的违法犯罪行为进行了全面揭发。但因为当朝宰相王淮等权贵竭力包庇唐仲友，唐仲友更是有恃无恐，根本没把朱熹放在眼里，并且开始了猛烈的打击报复。他指使一伙人闯进司理院殴打朱熹的手下。朱熹当即向朝廷写了弹劾唐仲友的第四封奏状，强烈要求朝廷严厉查处唐仲友。唐仲友不服，上章自辩。在王淮的运作指使下，吏部尚书郑丙、给事中王信等朝臣纷纷上章举荐唐仲友，称他是清廉且有声望的儒臣，因此唐仲友不但没有被追究责任，反而被提拔到江西任提刑。

朱熹又写了第五封奏状，揭发唐仲友仗着弟媳王氏是宰相王淮之妹而贪赃枉法、残害百姓，并以朝廷不法办唐仲友就辞职相“要挟”。王淮怕事情闹大牵连到自己，不得已向孝宗奏请免去唐仲友的江西提刑，移交浙西提刑查办，一时间成为震惊浙东的大事。

最后，唐仲友按“提前退休”论处，告“老”还乡。朝廷对唐仲友的纵容令朱熹十分气愤，于是他又递交了第六封奏状，要求朝廷依法惩处唐仲友以平民愤。为缓解朱熹与唐仲友之间的矛盾，王淮请吏部尚书郑丙出面提名朱熹到江西任提刑。朱熹接到任职通知后，知道这是一个陷阱，如果上任，就授人以柄，让人以为自己六次弹劾唐仲友为的是谋其位、窃其权。于是朱熹毅然向朝廷递交了《辞免江西提刑奏状》，带着家眷回武夷山了。

在弹劾唐仲友的过程中，朱熹一身正气勇进谏，不畏权势敢碰硬，表现了崇高的操守和气节，赢得了陈亮、陆九渊等正直士人的称颂，陈亮甚至发出了“壁立千仞”的赞叹。

南宋淳熙九年（1182年），朱熹任提举两浙东路常平茶盐。当他获悉永嘉学堂设有秦桧祠堂后勃然大怒，立即写信给永嘉县令，历数秦桧之罪，认为永嘉乃礼义之地，学校乃风化之源，岂容有秦桧之祠，于是令人捣毁秦桧祠堂。真可谓正义凛然，疾恶如仇！

然而，朱熹坚持正义、刚正不阿、痛斥奸佞小人的浩然正气，得罪了不少贪官污吏，也使孝宗皇帝感到厌烦。淳熙十四年（1187年），宰相周必大上奏举荐朱熹为江西提刑官，朱熹入朝奏事，有人对朱熹说，千万别再跟皇上谈什么“正心诚意”了，他最讨厌听这了。朱熹说：“我平生所学，只有这四个字，怎么能故意不讲，欺骗皇上呢？”等面见皇上时，皇上却说：“久不见卿，卿已老了，浙东之事，朕自知之，今当处卿清要，不复以州县为烦也。”

正所谓“武死战，文死谏”，纵观朱子一生，他同孔老夫子一样，都是在乱世当中“知其不可为而为之”。孔子周游列国宣传“仁政”主张，朱子力谏君王“正心诚意”，均以失败告终，但这不正是儒家爱国为民的精神内核和傲然风骨吗？——但是，孝宗这一句轻描淡写的“卿已老了”就把朱熹从京城里打发了，他的“理学报国”热情也一起被无情地浇灭了。同时，这也为朱熹和他苦心孤诣、精心架构的理学体系在不久的将来遭受的“党禁”暗黑时刻埋下了伏笔。

第六节　化育民风

一、万言上书

淳熙十年（1183年）二月，朱熹知道大势已去，便经过多次请辞，终于回到崇安武夷山，并在武夷山九曲溪畔大隐屏峰脚下创建武夷精舍。朱熹在之后几年一直过着清贫生活，全身心投入学术和著述中，一直到淳熙十五年（1188年）。据说当时“四方士友，来者甚众”，朱熹在这里聚徒讲学，他的朋友韩元吉在《武夷精舍记》中说：“我的好朋友朱熹居住在五夫里，离武夷山只有30里。距离这么近，就像他的后花园，一有空闲就去那里游览，他和学生们还常常带着《诗经》《楚辞》等书，边游玩边吟诵。”可见，朱熹在武夷精舍的教育活动对后世影响很大。

淳熙十一年（1184年），朱熹携友人同游九曲溪，兴之所至，便作了一组名扬天下的组诗《九曲棹歌》。这是历代文人骚客吟诵武夷诗中最早描绘武夷九曲溪风貌的一幅长卷佳作。其中第十首流传最广：

九曲将穷眼豁然，桑麻雨露见平川。

渔郎更觅桃源路，除是人间别有天。

此诗原本纯粹是即兴之作，诗里全然描写桃源景象，没想到后来竟成为他的学生沈继祖弹劾他的“罪状”。之后应和朱熹《九曲棹歌》的诗作和诗人很多，《九曲棹歌》的余韵也随着朱子学迅速流传海外。被誉为“海东朱子”的朝鲜哲学家李滉为之魂牵梦萦。李滉钦慕朱熹，对武夷九曲心驰神往，虽因路远不能亲临胜地，但却珍藏着《武夷志》和《九曲图》，终日赏玩。朱熹开创了武夷精舍，很多儒学大师都聚集到他身边，良好的学风代代相传。很多著名学者也到过武夷山讲学，此山因此名气大增。武夷精舍在中国古代教育史上具有很高的地位。

淳熙十五年（1188年），朝廷先让朱熹出任兵部郎官，他以“足疾”请辞。接着朝廷又下诏让他出任江西提刑，他仍以“足疾”为由请辞。面对朝廷再三任命，59岁高龄的朱熹重新燃起入世救国的情怀，这年十一月，他上奏了长达万言的著名的《戊申封事》。朱熹直言当时南宋内忧外患，积弊甚多，劝谏孝宗皇帝留意“正心诚意”之学，关心朝政，如此必定国势日强，中原可复，丑虏必灭。

十一月六日《戊申封事》送到宫中时，孝宗已经睡下，当听说朱熹封事来了，马上起来点亮宫烛一口气读完。迟暮之年的孝宗被白发大儒的一片忧国忧民的赤诚之心深深打动，虽然仍未能接受朱熹的主张，但还是让他主管西太一宫兼崇政殿说书，让他辅助新君光宗赵惇，给他讲课，但朱熹认为这是个虚职，并未赴任。

淳熙十六年（1189年）二月，孝宗赵昚内禅，传位于光宗赵惇。当时，南宋王朝衰颓腐败日益严重，各种矛盾更为激化。朝廷为拉拢人心，五月准许朱熹的请求，仍任直宝文阁，并下诏奖谕，转朝散郎，赐绯衣、银鱼。八月，任命朱熹为江东转运副使，朱熹辞而不就。十一月，改知漳州，朱熹再辞，但朝廷不准，不得已于绍熙元年（1190年）四月到漳州任知州。

二、漳州新政

上任伊始，百废待兴。漳州自古以民风淳朴著称，但后来由于教化不力、官吏作恶、富豪横行，以至于正经界无法推行，古朴民风也荡然无存。因此，朱熹一到任便明察暗访，体察民情，决心先从教化风俗、惩治腐败入手，要彻底改变漳州的风气。

朱熹首先颁布了《漳州晓谕词讼榜》。为了秉公执法、清理诉讼，他一下子就判了243道民间讼争案件词状。为了防止庸官贪吏从中作弊枉法，他特制了几个大橱放在厅堂，把讼状分类入橱，然后召集官员各分案件定夺。在大厅两边设办案幕位，先各自拟判，到用餐时也只在郡厨用餐，用餐后再进行拟判，然后汇总，最后选取合理的判决。

“南朝四百八十寺，多少楼台烟雨中”说的是南朝时佛教盛行，而在南宋的漳州佛教更盛，号称“佛国”，有的寺院甚至以传经拜佛为名聚集男女杂居，有的女子不想出嫁就住在庙庵之中。为了移风易俗，朱熹颁布了礼教条令，严禁此类恶习陋俗。一年后，民风大为改观。朱熹在漳州公事之余，还时常到学校去教育劝导学生，那部影响深远的《四书章句集注》就是在这时期撰写刊印的，著名的“十六字心传”（人心惟危，道心惟微，惟精惟一，允执厥中）思想体系也是在这个时期最终确立的。

朱熹还大力整顿吏治。当时漳州的官员大都懒政无能，贪财好利，盘剥百姓，贪污贿赂，于是朱熹颁布了《州县官牒》，下令各县的县丞、县簿、县尉必须每天到长官厅聚厅议事。为防止官吏结党营私、官官相护，他采取了“对移法”，强行对换那些分掌财赋肥缺、多年恣意侵吞财赋的官吏，撤换了坐地勒索民财的州吏。

朱熹还颁布了《龙岩县劝谕榜》，下令龙岩知县约束官吏，宣传教化，严守法律，不得骚扰百姓。

朱熹还根据朝廷令福建路监司的公文，进行了“正经界”之事。他花了一个多月的时间深入询访，基本摸清了情况，然后全面提出了自己对“正经界”的看法。在朱熹的一再催奏下，朝廷终于下了省札，让漳州先自行衡量施行经界。朱熹一接到省札就上了《条奏经界状》，就施行经界等事宜提出了自己的独到见解。朱熹还不顾会陷于孤立、谤毁乃至身败名裂的危险，毅然在《条奏经界状》还未获得允许的情况下，就将经界之事公布于众了。正当朱熹想一鼓作气实施经界时，豪强权贵极力反对，连参知政事王蔺也反对在漳州推行经界。最后，这一利国利民的改革未能实行，朱熹愤然辞职，以示抗议。

在推行经界的同时，朱熹还积极奏请朝廷蠲减赋税，为减轻当地百姓赋税负担、改善生活状况做出了积极贡献。宋绍熙五年（1194年），当朱熹再到漳州时，当地百姓扶老携幼夹道欢迎，据说道路都因此而堵塞。

第七节　上下求索

绍熙二年（1191年）正月，朱熹长子朱塾去世，年仅39岁。痛失爱子的朱熹，便乞祠归治朱塾丧事，并于四月解职弃官，回到建阳，继续他的山林讲学生活。当年七月，朝廷任命再次下达，朱熹再次请辞，没被允许。九月，被任命为荆湖南路转运副使，朱熹继续请辞，并以漳州经界推行失败为由自我弹劾。

一、老骥伏枥

绍熙三年（1192年）十一月，陈亮借给弟子朱塾写墓志铭哭祭的机会，与朱熹和辛弃疾相聚。朱熹还对刚刚被重新起用的辛弃疾提出了“对老百姓要宽厚，对知识分子要礼遇，对下属官吏要严格”的三大施政纲领。十二月，三人再聚，陈亮为两人画像作了像赞，称赞朱熹和自己为“人中之龙”，称赞辛弃疾是“文中之虎”——好一幅龙潜虎跃的“三英图”，这也是三人友谊的最好见证。

绍熙四年（1193年）冬，南宋朝廷任留正为左相，任赵汝愚为吏部尚书，后知枢密院事。他们两人都力荐道学人士，于是朝中道学官员控制了朝政，此时，邀请德高望重的道学之魁朱熹入朝成为众望所归。于是，十二月圆滑世故的留正便推荐任命朱熹为潭州、荆湖南路安抚使，因为他担心朱熹这个刚直的老儒在皇帝赵惇身边每天说教，会干扰他的宰相仕途。

绍熙五年（1194年）四月，朱熹在弟子们的簇拥下向湖湘进发，一路上学子云集，百姓夹道欢迎，纷纷想瞻仰理学正宗大儒的风采。朱熹到任后的第一件事便是招抚起义瑶民。

当时湖南境内发生瑶民起义，大批瑶民攻入湖南邵州、武冈，一时朝野震动。朱熹对瑶民起义效法孔明“七擒孟获”的招抚攻心策略，派军校田昇带几十个人骑马进山，成功地招降了首领蒲来矢，平息了这次起义。后来朝廷为表彰朱熹，在岳麓书院右侧特意修建了一座“谕苗台”。为了维持湖南的长治久安，防止起义再度发生，朱熹还采取了种种措施整顿地方军备。一方面调派精锐之师辛弃疾曾经编练的“飞虎军”回湖南；另一方面编练地方武装，在各县挑选武艺精湛的弓箭手进行专门训练。

朱熹还常微服私访，整肃吏治，打黑除恶。当时有些不法之徒，常勾结军兵欺压百姓，为非作歹。朱熹得知后，立即张贴告示说，“如有胆敢违法乱纪之人，一定会被判罪纳监”。长沙有一个姓张的恶霸，他家门前有一座木桥，百姓从桥上过，如果触碰了桥，必被捉去吊打，以致死伤无数。朱熹认为，对这类恶霸若不痛治，何以惩戒，于是将他逮捕归案，斩首示众。朱熹还充分利用宋刑律中关于“罪人情重者，毋得以一赦免”的律法，在得到赵汝愚的密报后，抢在七月七日宁宗登基大赦令到来之前，在潭州杀了十八个恶徒，表现了他的雷厉风行和疾恶如仇。

教化风俗是朱熹的一贯思想，每到一地他都非常重视教育。朱熹一到任就吊祭了张栻祠，并亲往张浚张栻父子墓哭祭，还为长沙学者刊刻的张栻《三家礼范》写了跋。后来许多张学弟子都归到朱学的门下，打破了浙学在湖湘一家独兴的局面。在湖湘讲学时，朱熹还为湘中士人写了“存忠孝心，行仁义事，立修齐志，读圣贤书”的条幅，刻石于文庙。朱熹还修复了岳麓书院，并将“忠孝节廉”作为世代相传的院训。

这一年，朝廷发生宫廷危机，晚年的朱熹也卷入了这场政治风波。其实，从他立志要劝说朝廷“正心诚意”开始，就注定了要承受这一悲惨结局。由于太上皇赵昚与皇帝赵惇之间的忌恨不断加深，绍熙五年（1194年），赵昚病重，赵惇不顾众大臣的苦苦谏求，拒绝起驾问疾，甚至连赵昚死后也不肯主丧。一时朝野上下人心惶惶，有大厦将倾的气氛。可以说，这事件对于一直倡导“正心诚意”的朱熹来说，无疑是精神上的极大打击，他请缨无路，失落至极，便上奏朝廷要求告老还乡。

二、帝王之师

绍熙五年（1194年）七月，光宗赵惇内禅，宁宗赵扩继位。枢密院执政赵汝愚第一个推荐朱熹，让他当焕章阁待制兼侍讲。为了收拢人心，赵扩就听取了他的建议，钦点朱熹入朝做自己的老师，并全面肯定了理学，称朱熹为“儒宗”。八月，朱熹离开潭州来到杭州入朝为官，而且还做了皇帝的老师。他走上了人生最“高光”的巅峰时刻。

十月四日，朱熹初见宁宗，便在行宫便殿奏事。朱熹共上奏五札，他大讲“正心诚意”、读经穷理、居敬持志以及潭州善后事宜等。他任侍讲后每逢双日早晚进宫两次，向皇帝宣讲《大学》。朱熹进讲的基本精神是要明“君道”“臣道”“父道”。朱熹还借向皇帝进讲的机会面陈了四件事：

第一，反对大兴土木，要求停止修葺东宫，安抚流离失所的饥民；

第二，要宁宗下诏自责，减省车马、卫士，向光宗问安、请罪；

第三，议论朝廷纲纪，以整顿政纲，严肃法纪；

第四，为孝宗寻找墓地。

宁宗开始还能假装倾听阳奉阴违，后来，当朱熹在他面前斥责他的宠臣韩侂胄参政弄权时，他便大为不满了，认为朱熹越俎代庖，干预朝政。而韩侂胄更是把朱熹看作眼中钉、肉中刺，在宁宗面前百般诋毁，并说“先除掉朱熹，再除掉其余的道学党徒就容易了”。于是宁宗在十月免去朱熹侍讲职位。赵汝愚、陈傅良、刘光祖等纷纷上书竭力挽留朱熹，宁宗不听。宁宗说：“朱熹对朝廷之事，事事干预，而朱熹所言，多不可用。”十月十九日晚，宁宗批给朱熹一张纸条说：“我怜悯你老了，现在又是严冬，恐怕您站着讲学吃不消，已经除您奉祠，叫您知道。”这样的御批看似体贴，实际上是仅仅在朝46天的朱熹已经被罢黜出宫了。同年十一月，朱熹回到了福建考亭，十二月建“竹林精舍”，自号“沧州病叟”，决心从此退出黑暗的官场，归隐山林而至死不出，想此生终老于讲学授徒、读书著述的生活。

然而，韩侂胄一伙怎么会善罢甘休呢？光宗赵惇内禅之后，朝中潜伏的危机很快暴露。韩侂胄是宪圣太后的至亲，在这场内禅中被认为是“有功之臣”，但赵汝愚并没有重用他，这使韩侂胄对道学党人满怀怨恨。韩侂胄凭着是宪圣太后的至亲，出入宫禁，很快博得宁宗的倚重。他常常在宁宗面前挑拨离间，使宁宗将老宰相留正驱逐出都。庆元元年（1195年），宁宗以“同姓居相位，将不利于社稷”为由将赵汝愚罢出朝。韩侂胄以拥立宁宗有决策之功而掌握大权。随着韩侂胄的掌权，一场反朱子理学的斗争便开始了。

三、庆元党禁

“告老还乡”的朱熹在历经一段时间的消沉后，继续发奋著述和埋头学术，然而，让他始料不及的是，一场席卷全国的大“党禁”序幕已铺天盖地拉开。

早在淳熙十五年（1188年）六月，兵部侍郎林栗就对朱熹及其道学进行过攻击，并上奏弹劾朱熹，称朱熹本无学术，只是窃取张载、程颐的理论谓之“道学”，妄自尊大，召集门生数十人，习为春秋战国之态，妄希孔孟历聘之风，看似治世之法，实则是乱人之道。韩侂胄得势后，在皇帝的庇护下把持朝中大权，打击孤立以赵汝愚为首的道学朝党，并把与他意见不合的人一律斥为“道学之人”，一场清洗道学派的大规模弹劾翻腾出滔天大浪。

庆元元年（1195年），监察御史胡竑诬陷、弹劾右丞相赵汝愚培植党羽，说赵汝愚做了“乘龙授鼎”的梦，将要以宗室谋危社稷，令赵汝愚罢相出朝。谢深甫、何澹、杨大法等反道学的朝士也纷纷上疏攻击赵汝愚。而当时向皇帝上疏要挽救赵汝愚的郑湜、章颖、徐谊等人，全部遭贬逐。太府寺丞吕祖俭为赵汝愚、朱熹、彭龟年等辩解，最后被处“无君”之罪，发配韶州（今广东韶关）。六位血气方刚的太学生上疏要求收召李祥、杨简，结果以“煽摇国是”罪被捕，流放到五百里外编管。

朱熹忧愤不已，也草草写了数万言的封事，痛陈奸邪蔽言的祸害，欲为丞相鸣冤。但他的学生和亲友都认为如此必惹大祸，苦苦相劝，最后他听从高足蔡元定的建议，以蓍草占卜决定，结果占得凶卦，意思是应该退避在家才能免灾。笃信《周易》占卜的朱熹沉默不语，只好把奏稿烧了，从此改号为“蓍翁”（一说“遁翁”）。果然不出所料，朱熹终因曾参与赵汝愚攻击韩侂胄的活动，成了韩侂胄发起抨击“理学”运动的第一目标。

四、受辱蒙冤

庆元二年（1196年）正月，赵汝愚在衡州服药自尽。叶翥和刘德秀等人立马奏请销毁朱熹等理学家的书籍，并称朱熹学说为“伪学”，朱熹为“伪师”，他的学生为“伪徒”，凡与朱熹有关系的人，不许担任公职或参加科举考试，凡涉程朱理学的人全都不予录取。

“国家不幸诗家幸，赋到沧桑句便工。”为暂时躲避韩侂胄的迫害，朱熹与门人黄榦、蔡沈、黄钟来到新城福山双林寺侧的武夷堂讲学，还写下了千古名诗《观书有感二首》，其中第二首写道：“昨夜江边春水生，艨艟巨舰一毛轻。向来枉费推移力，此日中流自在行。”该诗蕴含了突发灵感、茅塞顿开、熟能生巧等丰富的哲理，也体现了经过大风大浪洗礼的朱熹，已经能对“血雨腥风”的“党禁”泰然处之，对理学、对社会人生突然有了全新的认识，获得了极大的心理安慰和精神自由。他觉得生命短暂，一切都会成为过去。他相信只有坚持自己的理想信念，只有奋斗抗争，才会有出路，才能真正体验生命的永恒和人生的意义。

庆元二年（1196年）十二月，对道学的打击不断升级。刘德秀当谏官后弹劾了留正引“伪学”入朝廷的罪过。胡竑和沈继祖接着上疏，“党禁”全面开始。

监察御史沈继祖以捕风捉影、移花接木等手法奏劾朱熹“十大罪状”，诬以“六大罪状”和“四大丑行”，试图把朱熹描绘成一位不忠不孝、不仁不义、欺君罔世、污行盗名的无耻之徒。

朝廷权贵对理学掀起了一场史所罕见的残酷清算，效法北宋元祐党籍的故技，开列了一份59人伪逆党籍的“黑名单”，朱熹被斥为“伪学魁首”，位列黑名单第五位，还有人竟提出“斩朱熹以绝伪学”。受庆元党禁牵连的人不计其数。

朱熹的门人要么被流放，要么被抓去坐牢，纷纷遭到沉重打击，一些门人或叛道投降，另投新主，或明哲保身，缄默不语，更多的人不堪屈辱，郁郁而终……一时间，理学威风扫地，惨遭迫害。难怪朱熹发出“世路无如贪欲险，几人到此误平生”的感叹。

伴随道学力量的解体，专权的局面逐渐形成，韩侂胄把持朝政、大权独揽，而那些投机取巧的政治骗子、卑躬屈膝的拍马奴才、不学无术之士、阳奉阴违之徒则一个个粉墨登场，在朝中绘制了一张不堪入目的“群丑图”。朱熹欲哭无泪，抗争无力，面对群魔乱舞的新贵朝廷，作了一首《闻蛙》诗，以青蛙两枢暗指东西两府，以蛙噪犬吠暗指反道学新贵的种种倒行逆施。

闻蛙

两枢盛怒斗春池，群吠同声彻晓帷。
等是一声狼籍事，更无人与问官私。[①]

诗作尖锐地影射了当时朝廷群魔乱舞和社会上尔虞我诈、钩心斗角的丑态，将反道学新贵们的恶劣行径讥讽得淋漓尽致，也发泄了心中的愤懑。

朝廷权贵最后还要求朱熹辞职，朱熹对沈继祖的满纸谎言与诬陷不屑辩驳，后来甚至以玩侮的心态在一道《谢表》中将沈继祖所指控的罪状全部承揽下来。最终，朱熹被罢黜离职，高徒蔡元定被流放道州，第二年就病逝了。

庆元三年（1197年），朱熹应弟子林用中等人邀请，在李友直等人的陪同下离开考亭，前往古田杉洋避祸。朱熹一路讲学授徒，游山访友，题匾书联，在闽东再播道学的种子。在赴古田途中，船行闽江，朱熹赋诗《水口行舟二首》：

一

昨夜扁舟雨一蓑，满江风浪夜如何？
今朝试卷孤篷看，依旧青山绿树多。

① 《朱文公文集》卷九。

二

郁郁层峦夹岸青，春山绿水去无声。

烟波一棹知何许？鶗鴂两山相对鸣。

两首山水诗以闽江两岸的青山绿水、对鸣的鶗鴂（杜鹃鸟）象征儒道理学，表达它一定会战胜像夜雨、风浪等朝中反道学的黑暗势力，破浪前进，与唐代白居易的“沉舟侧畔千帆过，病树前头万木春”有异曲同工之妙。这两首诗蕴含哲理，寓意深刻，表达了自己面对逆境的旷达和希望。然而现实是残酷的，韩侂胄一派对理学学派的迫害已经远远超出了思想、学术派别斗争的界限，完全是一场政治迫害。这就是史称的“庆元党禁”。一时间，神州大地处处愁云惨雾，处处凄风苦雨。

五、浩浩长风

经过命运多舛的这几年，年迈的朱熹已经恶疾缠身，身心俱疲，他自知时日不多，心力憔悴地发出了“吾道之穷，一至于此”的叹息。从庆元三年（1197年）至庆元五年（1199年），他写了《韩文考异》《楚辞集注》《楚辞辨证》和《楚辞后语》等书，还坚持完成了对《楚辞》的释注。

庆元六年（1200年）入春以后，朱熹脚大痛而服药无效，左眼完全失明，右眼也几乎失明，病情恶化，生命垂危。他写信给学生黄榦、范念德，要他们收集整理并完成《礼书》底稿。在去世的前一天，朱熹还在修改《大学章句》，真正践行了自己“毕力钻研，死而后已”的诺言。朱熹对自己的理学终生矢志不渝，他最大的愿望就是要将自己生平所有著作都完稿，把“道”传下去，使理学道说后继有人。

三月九日，正值梅雨时节，阴雨淅沥，就在血雨腥风的“庆元党禁”运动和世道衰微的凄冷气氛中，朱熹带着失落的悲怆在建阳考亭家里溘然长逝，享年71岁。

宗师陨落，江河呜咽。朱熹正直高尚，学识渊博，在许多领域的卓越见识令人钦佩，影响至深。当他逝世的噩耗传遍大江南北时，著名爱国词人辛弃疾执笔挥洒，写下一阕《感皇恩》词，词曰：“子云何在，应有玄经遗草。江河流日夜，何时了。”辛弃疾还为朱熹写了祭文，而后不远千里直奔考亭，亲自吊唁哭祭朱熹。祭文说：“所不朽者，垂万世名。孰谓公死，凛凛犹生！”76岁高龄的大诗人陆游也在家里摆了祭案，写了祭文：“某有捐百身起九原之心，有倾长江注东海之泪，路修齿髦，神往形留。公殁不亡，尚其来飨。”杨万里痛失知己，忧伤至极：“呜呼！我未识公，得之钦夫。云今杰魁，舍公则无。”

全国各地的门人、同道决定于十一月二十日在信州举行大规模的会葬为朱熹送行，这可吓坏了反道学的当权者，他令当地官员约束制止。但是门人、同道们不顾朝廷反对，纷纷从四面八方赶来，参加会葬者有近千人之众。朱熹最终与妻子刘清四合葬于建阳唐石里（今南平市建阳区黄坑镇）大林谷中。

六、名垂万世

一代理学宗师朱熹与世长辞了，但他留给后世的却是丰富且珍贵的思想文化遗产。朱熹一生讲论、著述、撰注、编辑的学术成果十分丰富，其数量之大，在封建社会学者中是不多的。其主要哲学著作有《四书章句集注》《易学启蒙》《朱子语类》等。说他著作等身，名副其实。特别是他用将近40年七易其稿，终于完成了《四书章句集注》定本，撰写完成了《周易参同契考异》一卷和《韩文考异》十卷。临终前，朱熹还写了数封遗书，交代弟子、女婿继续编著《礼书》等。他还以惊人的毅力完成了《楚辞后语》六卷、《楚辞辨证》二卷的著述，终于完成了他学术上的最后总结，建立起自己完整的四书学和经学体系，成为一代理学大师和经学大师。他所建立的理学体系永垂史册，受到历朝历代的褒扬和尊崇。

万山朝宗，百川归海。润物无声，桃李芬芳。朱熹虽然走了，但是朱氏后人和学生，有的继承了他的学术传统，成为学问大家；有的以忠义闻名于世，在历史上留下了流传千古的美名。朱熹的学生众多，达500余人，尤以蔡元定、黄榦、真德秀等最为著名，并逐渐发展成庞大的全国性学派——朱子学派。元代到明初，朱子学派依然在学界占据主导地位，其中元代有著名学者赵复、吴澄、许谦等，明初有方孝孺、曹端、薛瑄等。朱子筚路蓝缕，以启山林创立的理学和他撒下的文明火种终于可以薪火相传、光耀寰宇了。

朱熹逝世不久，随着权臣韩侂胄的身败名裂，宋朝统治者逐渐解弛了“伪学”之禁，恢复了朱熹的名誉，确立了他应有的学术地位。之后，历代朝廷对朱熹褒扬不断，朱熹的《四书章句集注》等也一直得到历代统治者的推崇。宋嘉定二年（1209年）十二月，朝廷赐谥朱熹“文”，尊称“朱文公”。次年，又追赠朱熹为中大夫、宝谟阁直学士。嘉定五年（1212年），根据李道传、刘爚等人的要求，又诏谕将朱熹的《论语集注》《孟子集注》立于学宫，成为官方的法定读本，标志着理学著作正式进入官学。

嘉定十七年（1224年），宋理宗赵昀登基，他将朱熹的学说提升到国家意识形态的层面。宝庆三年（1227年）正月，宋理宗下诏盛赞朱熹《四书章句集注》“发挥圣贤蕴奥，有补治道”，特赠朱熹太师，追封“信国公”，为确定理学的统治地位奠定了基础。绍定三年（1230年）九月，改封朱熹为徽国公。嘉熙元年（1237年），下诏国子监刊印朱熹的《资治通鉴纲目》。淳祐元年（1241年）正月，诏朱熹从祀孔庙，朱熹从而取得与周敦颐、张载、程颢、程颐并列的“五大道统圣人”地位，理学走向官方哲学。同年，宋理宗视察太学时还御书朱熹《白鹿洞书院揭示》赐给太学生，并颁行天下学宫。咸淳五年（1269年），诏赐婺源朱氏故祠“文公阙里”，与孔子阙里并立。

元皇庆二年（1313年）六月，诏朱熹等宋儒从祀孔庙；十月，定科举程序，科目以“四书”“五经”为主，并规定以程、朱之书为科考法定经本。朱熹的《四书章句集注》及朱熹的经学注释，成为科举考试的依据。科举的制度化，推动了理学在全国范围内的传播和普及，理学的官学地位被完全确立。至元元年（1335年），下诏创立朱熹文庙于婺源，为朱熹文庙之始。至正二十一年（1361年）十二月，追谥朱熹父亲朱松“献靖”，称“献靖公”。至正二十二年（1362年）二月，改封朱熹为“齐国公”。

朱熹的理学从元朝到明清一直占据着封建思想的统治地位，明清两代甚至达到了“非朱子之传义不敢言，非朱子之家礼不敢行”的程度。而《四书章句集注》作为理学的重要著作，也被统治者捧到了一句一字皆为真理的高度，对中国封建社会后期思想产生了巨大且深远的影响。

明初，统治者把崇尚儒学及朱子理学作为一项基本的治国之策。明永乐十三年（1415年），钦定编纂并由明成祖作序的《四书大全》《五经大全》《性理大全》颁行天下，作为明朝科举取士的范本，规定科举取士必须以“四书”“五经”的文句命题，朱子理学确立独尊的地位。景泰六年（1455年），诏建安朱熹后裔九世孙朱梃世袭翰林院五经博士，建博士府；景泰七年（1456年），礼部下文各地建祠崇祀朱熹。这一年，又应朱熹八世孙朱泗之请，以朱熹门人黄榦、蔡沈、刘爚、真德秀陪祀。嘉靖二年（1523年），又诏婺源朱熹后裔十一世孙朱墅世袭翰林院五经博士。同时推行祭朱制度，每年春、秋两祭。清康熙二十五年（1686年），御书“白鹿书院”匾额，并赐儒家经典，又御书“学达性天”送建宁府武夷山紫阳书院（武夷精舍）等相关书院。

清康熙皇帝更是把朱熹推崇到无以复加的地位。康熙二十九年（1690年），命闽、徽两地朱熹后裔承袭五经博士。康熙四十四年（1705年），康熙为建阳考亭书院的朱熹祠题写御匾“大儒世泽”，还给建阳考亭书院集成殿题写对联“诚意正心，阐邹鲁之实学；主敬穷理，绍濂洛之真传”。

康熙五十一年（1712年），诏升朱熹配祀孔庙十二哲之列，朱熹牌位从孔庙东廊移入大成殿西序。康熙五十二年（1713年），诏命李光地、熊赐履等编纂《朱子全书》。康熙五十六年（1717年）编纂《性理精义》，康熙亲自作序，颁行全国。康熙在《御制朱子全书序》中写道：“至于朱夫子，集大成而继千百年绝传之学，开愚蒙而立亿万世一定之规。”对朱熹褒奖有加，评价极高。朱熹创立考亭学派阐述孔孟之道，传承周程之理，于是，往圣的绝学得以复兴，大儒的恩惠世代润泽。

朱子学不仅扬名华夏，还漂洋过海远播域外各国。13世纪末，传入日本、朝鲜和东南亚，进而走出亚洲，走向世界。早在12世纪末朱熹还在世时，朱子学就由来华的日本僧人荣西传入日本。之后，来华日僧和学者日益增多，仅南宋时期来华日僧和学者就有120多人，朱子学也在日本广泛传播。到德川幕府时代，朱子学更被推到了官学地位。日本各朱子学派从不同角度阐发朱子学，代代相传，绵延至今。

南宋嘉定十七年（1224年），朱熹曾孙朱潜弃官携子女、门人入高丽全罗道锦城建书院讲学，为朝鲜朱子学始祖。13世纪末，高丽宰相安珦大力整顿教育，亲自在太学讲授朱子学，理学教育勃兴。李朝建立后，朱子学经学者李滉倡导之后，进入全盛时期，成为国家的正统思想，李滉也被尊为“朝鲜之朱子”。朱子学于13世纪中叶传入越南。越南陈太宗元年，即南宋宝祐元年（1253年），诏谕全国儒生到国学院讲习“四书”“五经”，向全国儒生介绍朱子学。直至今日，朱子学对越南人们的思想和行为仍有重要影响。

朱熹一生时刻关心国事民情，从入仕到逝世，整整50年。然而纵然有报效朝廷、献身国家的志向，南宋政治的极端腐败，统治阶级内部的争权夺利，致使朱熹在仕途上一再受挫，不能得志，最后绝意官场，潜心学术。

朱熹走了，他一生高举理学旗帜，德润心田，文化天下，完美地诠释了他的那首《观书有感（其一）》诗作：“半亩方塘一鉴开，天光云影共徘徊。问渠那得清如许？为有源头活水来。”他认为人只有心境澄澈，才能在洁净的精神层面映照出蓝天云影；只有不断求知，才能活出精彩。

朱熹走了，他一生上下求索，追求真理，穷且益坚，坚韧不拔。鲁迅先生说：“中华民族自古以来就有埋头苦干的人，就有拼命硬干的人，就有舍身求法的人，就有为民请命的人，他们是中国的脊梁。”朱熹就是这样的人，他就是中华民族的脊梁，正如朱熹在《不自弃文》中劝诫世人不自弃一样，“怨天者不勤，尤人者无志”。朱熹告诫我们生命之书至高无上，不能随便翻阅，不能轻言放弃，要勇敢乐观地面对一切困难和逆境，因为人的每一步都在书写自己的历史。这也许就是朱熹的人格魅力和理学具有的永恒价值吧。

文脉不灭，千古传承。所不朽者，垂万世名！

第四章

忠孝诗书传家风

自古有云："忠孝不能两全。"朱子却说："尽己之谓忠，推己之谓恕；善事父母者为孝，善事兄长者为悌。"朱子是这样说的，也是这样做的：他孝敬双亲，敦亲睦族；伉俪情深，关爱子女；诗书传家，重视家庭教育，用言传身教潜移默化地影响着自己的子女和朱氏后人。

作为大学者和儒学中兴的重要人物，朱子一生兴建县学、创办书院；他读书多、写书多、教书多，还首创"朱子读书法"，并将其厘清为循序渐进、熟读精思、虚心涵泳、切己体察、着紧用力、居敬持志等六条。诗书传家至此蔚然成风，绵延不绝。

第一节　孝亲敬老

“忠孝持家久，诗书继世长。”朱熹始终把“百善孝为先”的“孝”字作为立德之首，强调父母对子女的恩德之大，子女应该竭力尽孝。朱氏家风中的“孝”并不是空泛之词，朱氏族人早已将其内化于心、外化于行，把尊亲、养亲、悦亲的孝义实实在在地落实到了日常生活的每一个细微之处。

一、煮莲教子，至孝奉母

朱熹早年丧父，“提携教育，实赖母慈”。父亲朱松去世后，朱熹与母亲祝五娘相依为命。母亲是一位贤淑的大家闺秀。她娴静娟好，知书达礼，对朱熹的精神世界影响至深，对他的成长起到了非常重要的作用。

祝五娘祖籍徽州歙县，据说祝氏家族曾经是徽州的名门望族，后来家道中落。祝五娘18岁时嫁给了朱松，婚后生活窘困。丈夫英年早逝后，这孤儿寡母幸亏有刘子羽的仗义容留、扶持，生活虽然过得去但依然比较清贫。然而也正是这样的艰难生活，使祝五娘更加重视对儿子的教育。传说有一天，朱熹和往常一样在读书，母亲煮了一碗莲子汤给他喝，朱熹心疼母亲操劳，执意让母亲先喝。母亲非常欣慰，对他说："儿啊，你知道吗？莲是花中君子，浑身是宝。莲心虽苦，但去掉了莲心，莲子却甘美无比。做人也该如此，做一个有用的人，像莲花一样做一个正人君子。"朱熹接过汤碗，一边品尝着莲子汤，一边细细品味着母亲的话。沉思良久，终于明白母亲此番话的深意：莲子即怜子，也就是母亲疼爱儿子的意思；母亲虽然辛苦，但辛苦过后，心里是甜的。明白了母亲这番话的寓意之后，朱熹更加发奋读书，常常是焚膏继晷，废寝忘食。功夫不负有心人，朱熹果真没有辜负母亲的期望，在他18岁那年的秋天参加建州乡试并考取了贡生，第二年春天进京参加会试，喜登进士。可以说，慈母的良苦用心和儿子的矢志报恩终得收获。乾道五年（1169年），年过而立、已为人父的朱熹想起当年慈母煮莲教子的往事，不禁写道："及先君卒，熹年才十有四，孺人辛勤抚教，俾知所向。不幸既长且愚，不适世用，贫病困蹙，人所不堪，而孺人处之怡然。"[①]昔日慈母怜子的苦心在这里全部化作朱熹对母亲深深的怀念。朱熹一直铭记着慈母的教诲和抚养之恩，感怀母子相依为命时淡泊而又尽享天伦之乐的日子。祝老夫人也在朱熹的尽心照料下寿逾七十含笑辞世。

乌有反哺之恩，羊有跪乳之义。朱熹为庆贺母亲的生辰还曾经写过一

---

① 《朱文公文集》之《尚书吏部员外郎朱君孺人祝氏圹志》。

首祝寿诗《寿母生朝》：

秋风萧爽天气凉，此日何日升斯堂。
堂中老人寿而康，红颜绿鬓双瞳方。
家贫儿痴但深藏，五年不出门庭荒。
灶陉十日九不炀，岂办甘脆陈壶觞？
低头包羞汗如浆，老人此心久已忘。
一笑谓汝庸何伤？人间荣耀岂可常！
惟有道义思无疆，勉励汝节弥坚刚。
熹前再拜谢阿娘，自古作善天降祥。
但愿年年似今日，老莱母子俱徜徉。

朱熹在诗中浓墨重彩地渲染了如何对待贫困富贵，突出了母亲超然脱俗的情怀，语言质朴自然，明白如话，母子情深，感人至深。

朱熹母亲对朱熹的精神世界影响深远，朱熹对母亲的感情非常深厚。为了照顾好母亲，朱熹在他一生不是很长的仕途里，曾多次请辞回家孝敬奉养母亲。母亲去世时，他十分悲痛，在母亲的墓旁搭建了一座茅屋守丧，并为该屋取名“寒泉精舍”。守丧结束后朱熹也经常来此居住。到了冬十一月，朱熹考虑到父亲的墓地潮湿，就因当年父亲曾咏有“乡关落日苍茫外，樽酒寒花寂历中”，把父亲的墓从五夫里西塔山迁葬到崇安武夷山市武夷乡下梅村的寂历山，还给父亲写了一篇5000余字的文章，记述了父亲非凡的一生。在新墓完工时，朱熹还特意作了一篇《告先妣文》，把迁墓之事告诉九泉之下的母亲，并亲自把这篇祭文拿到母亲墓前焚化。朱熹住在寒泉精舍里，一边为母亲守丧，一边潜心研究著述，不问世事。其中的清苦是一般人难以想象和承受的，大概也只有失去亲人的人，才能体会朱熹内心的悲凉和凄苦吧。

二、寻根返本，敦亲睦族

曾子说过："慎终追远，民德归厚矣。"祭祀祖先是中国人对自己血脉和根的追溯，也是中国人特有的信仰方式，婺源祖籍地就是朱熹信仰情怀的重要根源。为了维系朱氏家族的血脉根源，朱熹还将长子朱塾送到婺源生活。

绍兴十九年（1149年），在等待进京参加铨试之前，朱熹来到了徽州婺源。一是来祖籍地祭祀祖先，二是为了赎回当年父亲典卖的百亩家产。婺源朱氏一族曾经富甲一方，可是，到了朱熹的祖父朱森这一代，已家道中落。朱熹的父亲朱松出生时，朱氏家族已经败落。用朱松自己的话形容就是："家素贫，俯仰水菽之养，朝不谋夕。"[①]家徒四壁，艰难度日。

政和八年（1118年），朱松被任命为福建建州政和县尉。为筹路费不得已把婺源祖业的百亩土地抵押给别人，这才得以从徽州婺源来到福建政和暂时安家。现在朱熹有了一定的经济能力，因此便趁着回乡祭祖将典当出去的祖业赎回来。朱熹回到婺源赎回祖产，修葺了祖坟，祭祀了祖先，拜谒了朱氏家庙，看望了朱氏宗族的长老，还凭吊了父亲朱松居住过的老宅，游览了婺源城外父亲曾经在此读书的紫阳山，最后又到徽州歙县拜见了外祖父和母亲娘家的一些亲戚。可以说，朱熹此行是衣锦还乡，心满意

① 朱松：《韦斋集》卷九。

足了。

朱熹一生辗转多地，却对出生地尤溪念念不忘，虽然成年后朱熹入朝为官，四处讲学，但即使在交通不便、路途遥远的情况下，仍然多次回到尤溪。朱熹回尤溪主要做了三件事。

第一件事情是为亲人奔丧。朱熹的舅舅祝峤当年跟随朱熹父亲，从老家徽州歙县来到福建尤溪并在尤溪成家立业，所以朱熹小时候和舅舅生活在一起，他们之间感情非常深厚。乾道三年（1167年），朱熹接到舅母去世的消息后，立刻从崇安县五夫里赶到尤溪奔丧。四年后舅舅病逝时，距离朱熹母亲去世不到两年，朱熹还在给母亲守丧，按照古礼，丁忧期间可以不去参加任何人的葬礼，但是朱熹听到舅舅去世的消息后立刻南下到尤溪为舅舅奔丧。

第二件事情是助力办学。为了帮助尤溪办学，朱熹曾先后三次回到尤溪县学。第一次是绍兴三十二年（1162年）。当时是林嶷担任尤溪知县，他与朱熹志同道合，在尤溪兴建了尤溪县学的藏书楼，建成之后，朱熹便回尤溪表示祝贺。朱熹第二次回到尤溪县学是乾道七年（1171年）。尤溪知县石子重听说朱熹回尤溪为舅舅奔丧，便邀请朱熹处理完丧事后到尤溪县学讲课。第三次到尤溪县学是乾道九年（1173年）。石子重重修尤溪县学宫后邀请朱熹参加庆典，朱熹徒步走了500多里，专程参观了修葺一新的学宫，还撰写了《重修尤溪庙学记》。朱熹看到尤溪县学越办越好，声名鹊起，连周边的学子都纷纷背着干粮来求学，也很想让自己的小儿子朱在到尤溪上学，只可惜路程太远。朱熹曾遗憾地说："小儿子没有地方读书，我心里非常着急，可是五夫里离尤溪县太远了，无法将儿子送到尤溪上学，真是太遗憾了。”

朱熹回尤溪做的第三件事情是重游故居，追思缅怀父亲。朱熹每次回到尤溪，都会到父亲工作和生活过的地方看看。有一次，朱熹来到父亲生前任尤溪县尉的地方，就以父亲的号“韦斋”为题写了“韦斋旧治”四个大字，并请石子重作《韦斋记铭跋》。绍兴三十二年（1162年），朱熹回到尤溪的故居郑氏馆舍，走进儿时生活过的院子，怀念起童年时快乐的时光。看着池塘边的老屋，顿觉老屋依旧，却物是人非。当他看到父亲在馆舍墙壁上题写的《蝶恋花》词“清晓方塘开一镜，落絮飞花，肯向春风定”时，立刻被父亲词中那清新淡雅的意境所感染，仿佛又回到父亲身边，聆听父亲的教诲。“清晓方塘开一镜”一句更是让朱熹想起儿时熟悉的郑氏馆舍前的池塘，童年学习的场景历历在目。朱熹顿时思如泉涌，诗兴大发，随口咏出那首脍炙人口的《观书有感（其一）》：“半亩方塘一鉴开，天光云影共徘徊。问渠那得清如许？为有源头活水来。”把对故乡和亲人的怀念都融入诗情和义理之中。

思想需要滋养，心灵需要家园。正是家乡的风土人情和朱熹的家乡情怀滋养了朱熹这一伟大的思想家。淳熙三年（1176年）春，朱熹重回尤溪，来到郑氏馆舍，受主人之邀题写了“读书起家之本，和顺持家之本，循理保家之本，勤俭治家之本”。这是朱子治家思想的最初表达，也是《朱子家训》的雏形，可见尤溪山水草木的浸润、亲情乡情的脉动对朱熹的人生影响是如此深远且绵长。

第二节　伉俪情深

“岁序流易，雨露既濡，念尔音容，永隔泉壤。一觞之酹，病不能亲，谅尔有知，尚识予意。”这是朱熹在临终前抱病为亡妻刘清四写的催人泪下的《墓祭文》，表达了对亡妻至死不渝的感情，读来令人动容。

刘清四是刘勉之的女儿，于南宋绍兴十八年（1148年）与朱熹结婚，夫妻二人感情甚笃，共同生活了20多年。她是朱熹的贤内助，孝敬公婆，勤俭持家，含辛茹苦抚养子女，还经常在繁忙家务之余为朱熹誊录文稿。

琴瑟和鸣，伉俪情深。新婚的朱熹和刘清四举案齐眉，相敬如宾，新婚蜜月也尽是朱熹和妻子的“红袖添香伴读书”。一日，朱熹与刘清四读到谢灵运《登池上楼》中的“池塘生春草，园柳变鸣禽”句及谢灵运梦中得佳句的传说时很受启发，于是便写了一首七绝《自勉》：

少年易老学难成，一寸光阴不可轻。

未觉池塘春草梦，阶前梧叶已秋声。

遵循“举案齐眉，相敬如宾”的古训治家，一年后终如愿以偿：朱熹乡试告捷，中了举人，第二年又考中进士。

几年后，朱熹这首《自勉》诗经学友的传诵渐为世人所知，传抄中人们把《自勉》的诗题改为《劝学》，再后来竟传到了日本，成为脍炙人口、老幼皆知的一首惜时诗。

刘清四于淳熙三年（1176年）病逝，终年46岁。第二年，朱熹将爱妻安葬在建阳，并开双穴，决定自己百年之后要与妻子“生不同时死同穴”。后来朱熹终身没再续弦，独自生活了20多年，真的是琴瑟和鸣、伉俪情深。宁宗庆元六年（1200年）朱熹去世，后人遵从其遗愿，把他与妻子刘清四合葬在建阳唐石里大林谷，长眠在他们生前选定的地方，迄今已有800多年。

第三节　朱熹教子

朱熹是一位伟大的思想家，也是一位伟大的教育家，他在家庭教育方面也是成功的典范。他认为最和谐的父子关系应是“父慈子孝”，父之慈体现在父母对子女的慈爱与教育，子之孝体现在子女对父母的奉养与敬重。只有这样才合乎天性，理所当然。他认为“父子有亲”是一种天性的仁爱之心，即“亲”的教育。朱熹特别提出要从“父子相隐”和“父子相责”做起，父亲和儿子做错了事互相包涵即为“父子相隐”，但“父子相隐”超过一定限度就要实行另一原则“父子相责”，即要及时规劝告诫。

一、父慈子孝

幼年朱熹深受父亲影响，继承了二程的理学思想，父亲的道学可谓是朱熹理学形成中的一股“源头活水”。

朱熹在父亲的影响下从道学理，发奋读书，终于完成了自己的理学体系，成为一代理学宗师。朱熹学术、政绩斐然，家庭教育方面更是教子有方，堪称楷模。朱熹送儿子就读桐江书院时写的《送子入板桥桐江书院勉学诗》以及《朱子家训》等，无不彰显了朱熹在家庭教育上对待子女们的父慈子孝、严爱有加。

朱熹在淳熙九年（1182年）提举浙东茶盐公事兼主管台州崇道观时，认识了当地名儒方斵，对方斵创办的桐江书院非常认可，并手书了“桐江书院”和“鼎山堂”两匾相赠。他还慕名将儿子送到桐江书院学习。据清光绪年间《板桥方氏宗谱》记载，朱熹还特意写了一首题为《送子入板桥桐江书院勉学诗》的诗：

当年韩愈送阿符，城南灯火秋凉初。
我今送郎桐江上，柳条拂水春生鱼。
汝若问儒风，云窗雪案深工夫。
汝若问农事，晓烟春雨劳耕锄。
阿爹望汝耀门闾，勉旃勉旃勤读书。

可见，朱熹对儿子入板桥桐江书院学习充满了期待，希望儿子能勤奋读书，知晓农事，争取早日功成名就，光耀门楣。

朱熹在《朱子家训》中说：“君之所贵者，仁也。臣之所贵者，忠也。父之所贵者，慈也。子之所贵者，孝也。兄之所贵者，友也。弟之所贵者，恭也。夫之所贵者，和也。妇之所贵者，柔也。”

朱熹在家庭教育上首先倡导家庭和谐，要求父母对待子女要严慈有度，教子有方，子女对待父母长辈要孝敬尊重，兄弟姐妹间要恭敬友爱，夫妻间要以礼和睦。

重视子女教育一直是我国家庭教育的优良传统。孔子训诫儿子鲤，在庭院中要求儿子学《诗》学《礼》，孔子“庭训”也成为朱熹教育儿子的榜样。朱熹以“勤”“谨”二字严格要求子女。朱熹从事讲学几十年，有非常丰富的教育经验。他对子女的教育也有自己的方法，不只是耳提面命、训导规范，更以言行举止率先垂范。朱熹在《训子从学帖》中比较全面地表达了自己的家庭教育思想和理念。

二、家书缘起

和大多数望子成龙的家长一样，朱熹认为他的长子朱塾“自幼开爽，不类常儿”，对儿子“意甚望之”，充满了殷切期望。除了亲自授课，还特意聘请德高望重的老师来教育。但事与愿违，朱塾小时候虽然聪颖，却比较懒散，以至于朱熹在与好友吕祖谦的通信中不无感慨地说“此儿绝懒惰”，“既不知学，又不能随分刻苦作举子文”。朱熹担心儿子在家不能专心学习，耽误学业，就采取“易子而教”的方法，将朱塾送到远在婺州（今浙江金华）的好友吕祖谦那里学习。儿行千里父担忧，乾道九年（1173年），朱熹在朱塾离家时专门写了《训子从学帖》，语重心长地对朱塾在外求学生活提出了注意事项，一片殷殷慈父之情、爱子之意跃然纸上，该帖也成为家书名篇。

三、爱的叮咛

“无情未必真豪杰，怜子如何不丈夫。”朱塾即将离家求学，朱熹对他的叮嘱都融进这封劝学家书——《训子从学帖》之中。他从学习、交友、处世、待人等几个方面对朱塾出门在外的求师问学和饮食起居作了详细的规范和要求。

朱熹认为一个人要想学有所成，就必须处处留心，随时请教，勤学好问，敦厚忠信，见贤思齐，唯善是取。交友一定要谨慎，不得搬弄是非，也不得背后说人长短。与人相处时，一定要懂礼貌，做一个有修养的人，不可目中无人，骄傲自大。言行不可以放肆，说话时要考虑清楚了再说，不可话中带刺，更不能说粗话、脏话。对人说话要谦和，不能说狂妄自大的话，在公共场所不可大声嬉笑、吵闹。不管做什么事都要谦虚，都不能自以为了不起，对别人要恭敬，不能盛气凌人、趾高气扬。

正所谓"爱之深，言之切"，朱熹晓之以理，动之以情，句句谆谆教诲，严中有爱，爱中有度。元代学者陈栎称它"细大不捐，详曲必尽，末警策数十语，深切著明"（《陈定宇先生文集》卷十三）。这篇家书对后世影响很大，成为名门仕宦之家教育子孙的良策，后世许多学校也将其中的某些内容作为校规施行。

附：《训子从学帖》

途中事，凡事不得纵恣，如在父母之侧，逐日食后或晚间三两次，下轿徐行，以宽仆夫之力。登高历险，皆须出轿以防不测。遇津渡切勿争先，舟中人已多，宁少随后，戒饬仆从勿与人争。寻店不可太迫岩险及侵水际。晚间少食，夜间早睡，留亲仆在房内以防寇盗。

过州县市井择旷僻清静店舍安泊，闭门静坐不得出入，虽店中亦不必行，勿妄与人接。寻常到店肆，自有一种闲人来相问劳，但正色待之，勿与亲接可也，共与之饮食，或同行出入，未有不为所误者。可戒，可戒！博戏之场，酒食之肆，皆不可辄入。推此类则其余可知。不得妄费钱物买饮食杂物。

到婺州事师如事父，凡事咨而后行，听受其言切须下气怡色，不得辄有争辩。

朋友年长以陪丈人行也。十年以长兄事之。年少于己而事业有贤于己者，厚而敬之。

初到便禀先生合做甚工夫。自写一节目，逐日早起夜眠，遵依趱趁，日间勿接闲人说闲话，虽同学亦只可说义理文字而已，专意办自己工夫，则自然习熟进益矣！课册随众赶了，不得拖延怠慢，早晚授业请益随众，不得怠慢。日间思有疑，用册子随手札记，候见质问，不得放过所闻诲语，归安下处思省切要之语，逐日札记归日要看。见好文字亦录取归来。

不得擅自出入，与人往还，初到问先生，有合见者见之，不合见则不必往。人来相见亦咨禀，然后往报之。此外不得出入一步。

居处须是恭敬，不得倨肆惰慢，言语须要谛当，不得戏笑喧哗。

凡事谦恭，不得尚气凌人自取辱。

不得饮酒荒思废业，亦恐言语差错，失己忤人，尤当深戒。不可言人过恶及说人家长短是非。有来告者，亦勿酬答，于先生之前，亦不可说同学之短。

交游之间尤当审择，虽是同学亦不可无亲疏之辨，此皆当请于先生，听其所教。大凡敦厚忠信，能攻吾过者，益友也；其谄谀轻薄，傲慢亵狎，导人为恶者，损友也。推此求之，亦自合得五七分，更问以审之，百无所失矣。但恐志趣卑凡不能克己从善，则益者不期疏而日远，损者不期近而日亲，此须痛加检点而矫革之。不可荏苒渐习，自趋小人之域，如此则虽有贤师长，亦无救援自家处矣。

见人嘉言善行，则敬慕而记录之，见人好文字胜己者，则借来熟看或录而咨问之，思与之齐然后已，不拘长少，惟善是取。

以上数条，切宜谨守，其所未及，据此推广，大抵只有勤谨二字。循之而上，有无限好事，吾虽未敢言而窃为汝愿之；反之而下，有无限不好事，吾虽不欣言而未免为汝忧之也。盖汝若好学，在家足可读书作文，讲明义理，不待远离膝下千里从师。汝既不能如此，即是自不好学，已无可望之理，然今遣汝者，恐汝在家汩于俗务，不得专意，又父子之间不欲昼夜督责，及无朋友闻见，故令汝一行。汝若到彼，能奋然勇为，力改故习，一味勤谨，则吾犹有望焉。不然则徒尔劳费，只与在家一般，他日归来又只是在家伎俩人物，不知汝何面目归见父母亲戚乡党故旧耶？念之，念之！毋忝尔所生，在此一行，千万努力。

到婺州先讨店权歇泊定，即盥栉具服去见吕正字。初见便禀某以大人之命，远来亲依先生讲席之下，礼合展拜，倘蒙收留，伏乞端受，便拜两拜。如未受，即再致恳，云：未蒙纳拜，不胜皇恐，更望先生尊慈特赐采纳况某于门下。自先祖父以来，事契深厚，切望垂允，又再拜跪。叙寒暄毕，又进言：某晚学小生，久闻先生德义学问之盛，今日幸得瞻拜，不胜慰幸。坐定茶毕，再起叙晚学无知，大人遣来从学之意，窃闻先生至诚乐育，愿赐开允，使某早晚亲炙，不胜幸甚。又云来时大人拜意，有书投纳，即出书投之，云云。大抵礼教务要恭谨详缓，不要张皇颠错。

付长子塾

（选自《紫阳朱氏建安谱》“留题”部分）

四、谨记父训

念念不忘，必有回响。朱塾看了父亲这封感人肺腑的信，渐渐地明白了父亲的良苦用心，决心除掉旧习，好好学习。朱塾到达婺州后，吕祖谦把他安顿在名士潘叔度家中。朱塾便与潘叔度的弟弟潘叔昌一起就读于丽泽书院。

第二年秋天，在婺州求学已一年有余的朱塾，回家探视父母。朱熹看到儿子的表现大有进步，非常欣慰，赶忙写信给吕祖谦表达谢意，肯定了好友对朱塾的教育，之后朱熹让儿子继续从学于吕祖谦，还把自己所注的《大学》《中庸》新刻本托儿子带给吕祖谦。淳熙八年（1181年）三月，朱熹再次写信给吕祖谦，希望儿子能继续跟随他完成学业。不幸的是，吕祖谦当时已身患重病，于该年七月底病逝，终年45岁。

朱塾先后从学于福建建阳陈焯、蔡元定，崇安欧阳光祖，浙江婺州吕祖谦等，进步很快，终于学有所成，后来官至淮西转运使湖南总领，赠中散大夫、吏部侍郎。

朱熹以“穷理、正心、修己、治人”为根本，为人从“勤”“谨”二字着眼，告诫儿子要勤学、勤问、勤思，谨起居、谨言谈、谨交友，敦厚忠信，见贤思齐，对今天的家庭教育仍然具有积极的借鉴意义。

尤溪南溪书院《朱子家训》

第四节　父女情深

一、为女择婿　与之相处甚有益

至圣先师孔子曾将自己的女儿与侄女分别许配给了自己青睐的两个弟子——公冶长和南容。朱熹和孔子一样，他也有一个非常得意的弟子叫黄榦，于是就把自己的二女儿朱兑嫁给了他。这就是至今还流传着的朱熹为女择婿的故事。

黄榦（1152—1221年），字直卿，号勉斋，闽县（今福州）人。他是建阳“潭阳七贤”之一，主要著作有《黄勉斋先生文集》《晦庵先生语续录》《朱侍讲行状》等。黄榦从小聪明好学，七八岁时就开始学习儒家经典。在求学时，他“不屑为举子业，慨然有求师问道之志”，与大多数青年学子不同。黄榦从学于朱熹还有一个小故事。

黄榦久闻朱熹的大名，决意求师于朱熹，遂于淳熙三年（1176年）的冬天拜别母亲，冒着大雪，翻山越岭来到五夫里拜师。不巧的是，朱熹外出讲学了，黄榦只好在客栈中耐心等候。他每天守在客栈，甚至连夜里睡觉都衣不解带，只盼望着朱熹一回来就能立即拜见，谁知这一等就是两个月，可谓“卧起一榻，不解衣者二月”。

拜师后，黄榦专心致志、心无旁骛地探究理学，不沾染一点世俗之事，深得朱熹的称赞。朱熹非常欣赏黄榦的才华与人品，对其有“直卿志坚思苦，与之处甚有益”的评价，于是将自己的二女儿朱兑许配给他，并令其于淳熙九年（1182年）完婚。作为朱熹的得意门生，黄榦追随朱熹多年，成为朱熹最坚定的学术传人、朱熹学术研究和书院教学的得力助手，为朱子理学的传播奠定了坚实的基础。黄榦在为朱熹写的《朱侍讲行状》中评价朱熹“绍道统，立人极，为万世宗师”。

二、安贫乐道　葱汤麦饭两相宜

由于父亲朱松早逝，全靠母亲一人劳作维持生计，所以朱熹的生活非常清苦，后来虽然做了官，成了有名的学者，但还是一直保持着勤俭节约的优良传统。他为官清廉，生活清贫，有时甚至要向别人借贷才能维持生计。据说许多年青人慕名来求教，朱熹也只能拿豆麦干饭和青菜汤来招待他们。他对自己的生活要求很低，只求“衣取蔽体，食取充饥，居止取足以障风雨”，从不奢侈浪费。

有一天，朱熹去女儿朱兑家做客，女儿见父亲来了非常高兴，无奈家境贫困，没有美酒佳肴，只得端出葱汤和麦饭招待父亲。女儿深感愧疚。朱熹看出了女儿的心思，很开心地吃了，并笑着安慰她。吃完饭后，朱熹走进书房，铺开宣纸，挥毫泼墨赋诗一首：

葱汤麦饭两相宜，葱补丹田麦疗饥。

莫谓此中滋味薄，前村还有未炊时。

女儿读后顿时面露笑容，朱熹也朗声大笑，可见朱熹是位宽厚慈爱的好父亲。不久，这首诗不胫而走，传遍了五夫里，传遍了武夷山。朱熹崇尚节俭的美德成为佳话，众口皆碑。后来这首诗被黄榦及黄氏子孙作为家训世代传诵。安贫乐道、勤俭持家、良好的家风是家庭教育成功的重要保障，朱熹的家庭教育无疑是成功的。

三、铭文寄思　哀汝生前婉而慧

朱巳（1173—1187年），朱熹的三女儿。早年嫁给了赵几道，却不幸早逝。朱熹痛失爱女，非常难过，专门为她撰写了有名的悼文。铭文如下：

朱氏女，生癸巳。因以名，叔其字。父晦翁，母刘氏。生四年，呱失恃。十有五，适笄珥。赵聘入，奄然逝。哀汝生，婉而慧。虽未学，得翁意。临绝言，孝友悌。从母藏，亦其志。父汝铭，母汝视。汝有知，尚无畏。宋淳熙，岁丁未。月终辜，壬寅识。

铭文虽然短小，却读来字字血、声声泪，深切地体现了父亲对女儿的疼爱和思念，父女情深，读之令人动容。

第五章

理学宗师的后裔

盘古倒下了，身体幻化为星辰大海；夸父倒下了，手杖也要变成桃花林；朱子远去了，他不但留下了浩瀚宏富的理学，还有人丁兴旺的子孙后裔，他们是朱子的后人，更是朱子人文精神和优秀家风的传承人和发扬光大者。

因此，尽管朱子一生仕途坎坷，志不获展，而且去世时蒙冤受屈，冷落凄惨，但是作为中国文化思想发展史上的圣贤大儒，朱子却光前裕后、泽被后世，不论是嫡传苗裔的建安朱氏，还是守居故里的考亭二房以及西迁北徙的考亭三房，他的子孙后代们也一直是开枝散叶，繁衍昌盛，遍布华夏。

第一节 朱熹后裔——考亭朱氏

积土成山，风雨兴焉；积水成渊，蛟龙生焉。在宋元时期兴起的朱姓大族中，由婺源朱氏发展起来的诸多家族无疑是最为引人注目的，特别是朱熹家族，名满天下，子孙繁盛，在朱姓历史上有着十分重要的地位。

一、三子五女：永续书香家风传

朱熹娶妻刘清四，刘清四为朱熹老师“草堂先生”刘勉之的女儿。刘夫人是书香世家大家闺秀，嫁给朱熹时，朱熹才19岁。此后，她辅助夫君，勤谨教育子女。在孝宗淳熙三年（1176年）十一月朱熹47岁时，刘夫人因病去世。后妻以夫贵，被追封为令人、硕人，后又赠徽国夫人、齐国夫人。

朱熹与夫人结婚近三十年，共生育了三子五女。照祖上规定，自朱松这代起，应按木、火、土、金、水五行循环取名，代代延续。朱熹分别为三个儿子取名为朱塾、朱埜、朱在。五女取名均选自八卦和天干地支，分别是：长女朱巽、次女朱兑、三女朱巳、四女朱癸、五女朱未。其中三女朱巳与四女朱癸早年夭折，长女朱巽嫁儒林郎、临桂县令刘学古为妻，次女朱兑嫁朱熹学生黄榦为妻，五女朱未嫁进士范元裕为妻。

朱熹的三个儿子都很优秀，个个德才兼备，聪明睿智，为世人所称道，他们的后裔子孙也兴旺发达，形成考亭朱氏三大支。从此，紫阳朱氏的光辉已照耀世界，朱姓氏族的发展也达到了辉煌的顶峰，成为近千年来无与伦比的文化望族。

二、长子朱塾：英年早逝遵父训

朱熹长子朱塾（1153—1191年），字受之。生于南宋绍兴二十三年（1153年）七月。他自幼聪明好学，颇有家严之遗风。他曾随父亲朱熹广交当世名流，是著名学者吕祖谦的学生，还曾师从蔡元定、欧阳光祖等。朱塾以父荫补将仕郎，官任淮西转运使、湖南总领。本可大有一番作为，只可惜英年早逝，于绍熙二年（1191年）正月在浙江衢州任上去世，年仅39岁。后朝廷追赠中散大夫、吏部侍郎。此时，朱熹正在漳州任上，痛失爱子，无心做官，于是回到建阳，在绍熙三年（1192年）将朱塾葬于建阳崇泰里大同山，“白发人送黑发人”的朱熹还亲自为朱塾撰写《亡嗣子圹志》：宋朱塾，字受之，其先徽州婺源人。大父讳松，绍兴史官也。父熹今为鸿庆祠官。母刘氏，刘勉之之女。塾于绍兴癸酉七月丁酉生，绍熙辛亥正月癸酉卒。娶潘氏，生二男，长曰镇，次曰恩老，四女归、昭、接、满皆夭。明年十有一月甲申葬大同山北麓。其父为之志。呜呼痛哉！

附：《受之公事略》

公讳塾，字受之，文公长子也。荫补将仕郎。夙慧朗徽，英颖过人，祥麟威风，信有种也。以父命受业吕东莱先生，精于春秋性理，大畅玄旨。令假之以年，立朝事业，足绳前修。惜也以三十九而寿止。文公方任临漳，丐祠归葬，亲为题记圹记焉。噫！公岂不欲如参养晳，竟使路也哭回，谓之何哉！卒赠中散大夫、吏部侍郎，未足慰公九泉也。有子曰鉴，朱氏始昌焉，紫阳一线，真足以系斯文之九鼎云。

吏部尚书古冲李默撰

朱塾娶金华潘氏为妻，潘氏生于1163年，29岁守寡后，抚育孤子遗孙，极尽妇道母道，1259年去世，享年96岁高寿。据圹志和《紫阳朱氏建安谱》记载，朱塾和夫人潘氏共生二子，即朱镇和朱鉴（又名恩老），其中长子朱镇早夭，仅传次子朱鉴一支。作为大房长子，朱塾派下子孙世居建安紫霞洲中和坊，守护文公夫妇的墓庐和故居，形成考亭朱氏三大派中的长房建安朱氏一派。

明朝景泰六年（1455年），明代宗朱祁钰下诏“以朱子建安九世嫡长孙梃世袭翰林院五经博士”。从此，建安朱氏便世袭此职，奉朱熹在福建的祠祀，被公认为考亭朱熹的嫡传苗裔。

三、次子朱埜：叶落归根守家庙

朱熹次子朱埜（1154—1211年），字文之，号立诚，以荫补迪功郎。

据《紫阳朱氏建安谱》等记载，朱埜死后初赠朝奉郎（正六品），后又追赠为朝散大夫（正五品），其妻刘氏（一说配黄氏）赠淑人。生四子：朱钜、朱铨、朱铎、朱铚。朱埜派下子孙，早期世居考亭，传至五世孙朱勋生五子，后携次子朱域、三子朱境返回祖居婺源，守护婺源祖墓家庙，负责掌管朱氏婺源方面的祭祀事宜。朱勋后裔于是形成考亭朱熹嫡派之一的婺源派，而婺源派后又分为东、西两房。1523年，明世宗又下诏录文公子孙之居婺源者十一世孙朱墅为五经博士，世袭，以主奉婺源朱氏祀事。从此婺源派作为朱熹嫡派后裔也得到了朝廷的正式认可。

四、幼子朱在：光前裕后耀紫阳

朱熹幼子朱在（1169—1239年），字敬之，又字叔敬，南宋孝宗乾道五年（1169年）出生于崇安五夫里。在朱熹的三个儿子中，朱在年纪最小，也最长寿，享年71岁。朱在也最有才华，他受朱熹影响最大，跟随朱熹时间最长，最得父亲的宠爱和真传，功名业绩也在二位兄长之上。朱在又最生逢其时，就在朱熹去世不久，韩侂胄东窗事发，轰然倒台。统治者们突然发现朱熹的学说对巩固他们的统治大有可用，于是在开禧三年（1207年）为朱熹平反赐谥，诸如赐谥“文”，赠朱熹为“太师”，追封为信国公，后又改为徽国公，并将朱熹的《四书章句集注》列为国学等，这一系列对朱熹的追封彻底改变了朱在的命运。

在此之前，朱在26岁时，以父荫补承务郎。1200年经铨选后调到福州海口镇任地方小官，因为父守丧而没有赴任，直到1202年守丧期满后改调到安庆府山中镇任职，从此步入仕途。此后朱在因受父影响，一直未能升职。

正如不知道明天和意外哪个先来一样，幸运也如此。1207年朝廷为朱熹平反赐谥，朱在的境况也发生了翻天覆地的变化，竟然连升数级：由从八品下的承务郎升为从八品上的承奉郎，第二年又升为正八品的承事郎。1209年朱熹“伪学”开禁前后，朱在升任为耕田令。

宝庆二年（1226年），宋理宗御笔签发委任状，任命朱在为工部侍郎，并亲自接见朱在，让他“奏对陈说家学”。朱在的奏对得到了理宗的嘉许，被赐予衣带鞍马。第二年，朱在因父恩受封为建阳县开国男，食邑三百户，转朝议大夫，并又得到皇帝亲笔委任为吏部右侍郎，再赐衣带鞍马的殊荣，并除宝谟阁待制，知平江府。朱熹改封徽国公之后，1230年，作为朱子嫡嗣的朱在更是青云直上，不但受封为焕章阁待制，还转为中奉大夫，封开国子，加食邑二百户，接着又恩授中大夫转太中大夫，提举隆兴府玉隆万寿宫。宋理宗嘉熙元年（1237年），朱在以焕章阁待制提举江州太平兴国宫，加封建安郡开国侯，食邑三千户，赐紫金鱼袋。至此，朱在头上的光环甚至超过了父亲当年的荣耀。嘉熙三年（1239年），朱在因病去世，享年71岁，葬于福建建安县永安寺后黄华山。

朱在共有四子朱铉、朱钦、朱铸、朱铅。其中次子朱钦和四子朱铅都不幸夭折，所以只传了朱铉、朱铸两支。

五、百川归海星河灿

“盛德之人，其后必昌。”朱熹对中国文化做出了伟大的贡献，因此，尽管他去世时非常凄凉，但他的后代繁衍昌盛。时至今日，由朱熹三个儿子所繁衍发派的考亭朱氏子孙已发展成中国最庞大的宗族之一，人口达数百万之众，构成现代朱姓的主干，据统计，朱子后裔今天广泛分布在全国各个省份，其中又以华东、华中、华南地区最为集中。

岳麓书院

第二节　朱塾后裔——建安朱氏

朱熹去世之后，三子分迁，长房徙居建安，二房守居故里，三房迁居邵武、杭州等地，考亭朱氏后裔不断向外拓展，后裔子孙散布各地，其中长子朱塾一支复迁居建安，奉祀朱文公祠。后又世袭五经博士直至民国初年。这一支朱氏家族世代守居于建安，家传考亭朱氏之学，被公认为朱熹的正宗后代。

一、建安始祖：根脉绵延不忘本

宋代的建州建安县今为福建省建瓯市。这里山清水秀，环境优美，是历史上著名的风景胜地，也是古人隐居的理想之地。当年朱松前来建瓯开基，隐居建安城，建筑环溪精舍，著书讲学。环溪精舍后改名环溪书院，清朝初年改为韦斋先生祠。

朱熹在建安住了六年，一直到父亲去世都生活于此，由一个儿童成长为一名14岁的少年。此后，朱熹迁居崇安县五夫里，晚期又定居建阳考亭，直到1200年去世。作为建安派分派始祖的朱塾，一生居住在崇安县五夫里，却从未定居过建安。

因为建安是朱松和朱熹当年定居、生活的地方，朱氏后人对它怀有一份特殊的感情。所以在朱熹去世27年之后，即南宋宝庆三年（1227年），朱塾的儿子朱鉴就以朱熹的嫡长孙的身份，在三叔朱在的帮助和建议下，从建阳考亭复又回迁建安定居建安城南环溪书院前的紫霞洲中和坊。他们在这里建立了最早的朱子祠庙——建瓯文公祠，以祀文公遗像。此后，朱塾的后嗣嫡长累世居于此地，逐渐形成考亭朱氏的主要分支——建安朱氏。

因此，后人称朱松为建安朱氏始迁之祖，朱塾为建安朱氏分派之祖，而朱鉴则是建安朱氏的复迁之祖。

二、建安朱氏：枝繁叶茂人兴旺

建安分派始祖朱塾与夫人潘氏共生二子：朱镇、朱鉴。据婺源《朱氏宗谱》、《铅山朱氏宗谱》和汉阳《朱氏宗谱》等各地谱牒文书记载，复迁建安始祖朱鉴（1190—1260年），字子明，又名恩老，行庚三，号环溪。生于南宋绍熙元年（1190年）。朱鉴出生仅八个月，其父就不幸去世。母亲潘氏年方二十九，就孀守他们兄弟姊妹数人。5岁时，朱鉴遵祖父之命随叔父朱在一起生活与读书，他刻苦勤奋，能传承朱子之学，是当时有名的学者，著有《诗传遗说》等。朱鉴作为朱塾的次子、朱熹的嫡长孙，以父荫补迪功郎，后累迁大理寺主簿、湖广总领、两浙转运使，官至直奉大夫，赠太中大夫。朱鉴原配周氏，封硕人，生一子朱济。继娶吴氏，封安人，生一子朱浚。朱鉴举家随叔父自考亭迁居建安，奉文公祠祀。从此定居建安紫霞洲，其后世子孙是为建安派。

三、朱浚：忠义殉国浩气存

建安朱氏传至第三代朱济、朱浚时，家族更加显赫。

朱济，朱鉴长子，字清源，号尚文。生于南宋宁宗嘉定十年（1217年），幼承家训，饱读诗书，满腹经纶，文武兼备，官至陵安州知府，并两淮监运判。弟弟朱浚抗击元兵，宁死不屈，服毒殉国，朱济为弟弟牺牲而痛心，又怕祸及全家，于是离职后带领子侄逃避至饶州府江右（今江西乐平市），卒于元世祖至元二十九年（1292年），享年76岁。有像赞曰：“义抗元兵，弟死公生，迁饶避祸，誉满乐平。”其妣俞氏，生于宋宁宗嘉定九年（1216年），卒于元世祖至元三十年（1293年），享年78岁，俞夫人生二子：朱椿、朱柏。

朱浚（1233—1277年），字深源，号尚友，朱鉴次子，生于南宋理宗绍定六年（1233年）。朱浚幼承庭训，深得家学真传，才华横溢，又志向高远。他以荫补入仕，后历官朝散大夫、右文华殿修撰、两浙转运使兼吏部侍郎，成为当时朱子后裔中职位最高的人。朱浚原娶薛氏，生卒年月不详，永嘉人，封恭人，葬于建安县建宁里常乐寺。续娶宋理宗公主赵氏为妻，成为驸马。与皇帝女儿的联姻，使本来就闻名四海的建安朱氏加上了一道更加荣耀的光环，成为当时朱姓中最显赫、尊贵的家族。

南宋末年正值蒙古兵入侵中原，中原民众陷于水深火热的危难之中。

朱浚作为皇亲国戚和朱子嫡亲后裔，坚持反抗元兵入侵。当元兵入侵建宁时，朱浚以招讨使身份率领三千骑兵入福州，誓与知府王刚中抗击元兵，死守福州城。宋端宗景炎二年（1277年），福州知府王刚中投降元兵，福州沦陷，朱浚宁死不屈，最后服毒自杀殉国，年仅45岁。朱浚妻子公主赵氏也是一位刚烈女子，当年随夫守城，城陷后与朱浚一同服毒自杀，以身殉国，在建安朱氏家族史上写下了最悲壮的一页，为后人代代传颂。

朱浚与公主赵氏共生二子：朱林、朱彬。他们都能传承家学，建功立业。长子朱林（1266—1325年），字公茂，号竹所，官任甘肃等处儒学提举，元泰定二年（1325年）卒，享年60岁。娶妻丁氏、刘氏，生五子：朱炣、朱焻、朱烇、朱熣、朱耿。次子朱彬，字文质，学问才华颇与其兄相似，官任两浙儒学提举、南平县尹、承务郎。生四子：朱炜、朱焕、朱燿、朱灿。其中长子朱炜官至朝议大夫。

建安朱氏第五代中，朱炣，字光大，曾任衢州清瓛书院山长，后任光泽县主簿，为当时有名的学者。朱焻，字光远，官任福建汀州府武平县主簿，娶妻刘氏，继配黄氏，生二子：朱堂、朱壑。朱烇后裔不详。朱熣出继给朱熹幼子朱在派下朱采为后。朱耿，官至将仕郎，生子朱垄。朱垄生二子：朱镡、朱镉。其中，朱镉自建安紫霞洲始居建阳县嘉禾里，守护朱熹的墓庐，生六子：朱浍、朱湘、朱洪、朱潼、朱凉、朱池。朱镉后裔世居嘉禾，形成建阳嘉禾朱氏一派。

建安朱氏传到第七、八两代，家道中落，人才凋零。两代数十人中，除朱铜次子朱泗以《易经》中明永乐甲午科举人，历任徐、寿二州判官外，其他人均毫无建树，将祖先的勋业丢失殆尽。但传到第九代时，由于朱明王朝对朱子学说的高度重视和朱子地位的提高，建安朱氏在15世纪中期迅速崛起，文脉始兴，成为世界瞩目的文化贵族，其地位仅次于山东曲阜的孔氏。

四、朱梴：荫庇大树成栋梁

建安朱氏的这一次飞跃和中兴，是以第九代嫡长孙朱梴受封为标志。朱梴（1405—1472年），字孟龄，号怡庵。本为朱溜长子，后过继给无子的堂伯朱淞为子，成为朱熹的第九世嫡长孙。明代宗景泰六年（1455年），明王朝重视理学，推尊朱子为百代宗师、万世师表，于是下诏令朱熹嫡长孙建安朱氏九世孙朱梴入京，钦授翰林院五经博士，主持文公祀事，永远世袭，以表彰朱熹的盛德大贤。从此，建安朱氏嫡长子孙，依例世袭五经博士，主持建安文公祠祭祀，直到民国初年。从此，建安朱氏近500年来成为被朝廷承认的文化贵族。

朱梴于成化八年（1472年）去世，享年68岁。朱梴娶妻杨氏，为明初著名政治家杨荣的从侄女，生一子：朱燉。

朱燉（1435—1496年），字孔辉，号约斋。由廪生袭官五经博士，是建安朱氏的第二代博士。由于朱燉之后世袭博士，所以建安朱氏在紫霞洲朱文公祠左侧建立了一座规模宏大的博士府。朱燉娶妻黄氏、陈氏，共生四子：朱墅、朱陞、朱陛、朱陆。

第三代博士朱墅，字元厚，是建安朱氏十一世嫡长孙。弘治十三年（1500年）由廪生世袭翰林院五经博士。娶妻杨氏、童氏、万氏，各生一子：朱钍、朱鋆、朱镦。

明朝中期，除嫡长一支世袭博士外，建安朱氏其他支系也很兴旺繁荣，如第十世有朱熠，官任江西瑞州知府。第十一世朱陛（1463—1545年），中弘治五年（1492年）科举人，官任南京户部员外郎。十三世朱河，字兆图，号唐石，岁贡生，官任浙江杭州府教授。

建安十二世嫡长孙朱钍（1479—1507年），字鼎夫，号西园，郡庠生。正德二年（1507年）去世，未及袭职，妻雷氏，无子，以二弟朱鎏长子朱法入继大宗。

朱鎏（1513—1548年），字乾夫，号宗岩，明嘉靖十六年（1537年）以嫡次子世袭为翰林院五经博士。夫人徐氏，生四子：朱法、朱浑、朱演、朱準，其中，长子朱法出继大宗，为朱钍之嗣，主文公祠祀。

建安十三世朱法（1530—1604年），字兆祖，号虹井，于明嘉靖三十四年（1555年）以嫡长身份由府学生除授翰林院五经博士。夫人杨氏，生六子：朱楗、朱橹、朱梭、朱栻、朱楷、朱檄。

朱楗，字士启，号心阳，生于嘉靖二十六年（1547年），万历十八年（1590年）世袭为第六代翰林院五经博士。娶进士杨成名之女，生一子：朱莹。

朱莹，字惟王，号昆原，生于嘉靖四十二年（1563年），万历四十年（1612年）由廪生世袭翰林院五经博士。娶黄宸桂女，又娶范氏，生二子：朱之俊、朱之雅。

朱之俊，字乔年，明崇祯时世袭为第八代翰林院五经博士。进入清朝以后，清政府仍重理学、尊朱子，特别是康熙皇帝对朱子最为尊崇，因此建安朱氏在清朝仍受到朝廷的礼遇，并继续世袭翰林院五经博士。直到民国时期，建安朱氏嫡长子孙所世袭的翰林院五经博士一职才被取消，改授为朱文公祠的奉祀官。直到今天，作为朱熹嫡传，建安朱氏朱塾一支已经传至第二十六、二十七代。

南溪书院

第三节　朱埜后裔——考亭二房

朱熹次子朱埜支脉下的子孙，世代守居建阳考亭。后又派生出许多分支，如婺源朱氏、客家朱氏、岑川朱氏等。时至今日，朱埜一派已构成朱熹后裔的主体，现今的朱子后裔，大都出于朱埜一支。

一、深固难徙支脉多

考亭分派始祖朱埜子孙众多。谱载朱埜生四子：朱钜、朱铨、朱铎、朱铚。其中次子朱铨因官徙居庐陵，后转迁广东兴宁，后裔形成客家朱氏。老三朱铎迁居海宁，后裔成为浙江海宁派一支。

朱埜长子朱钜，字子大，以荫补从政郎，后官至南剑路顺昌县知县。朱钜夫人李氏，生四子：朱治、朱渊、朱潜、朱济。其中次子朱渊，又从建阳徙居双桥，后裔为双桥朱氏。朱钜三子朱潜，生二子：长子朱继祖，徙居西墅，为西墅派；次子朱德祖，徙居朱家泾，后裔形成朱家泾派，至今居于朱家泾。朱钜四子朱济，字孔泽，行十八，任迪功郎，官至宣城知县。当宋元动乱之际，弃职归隐家乡，死后葬在考亭。朱济娶妻刘氏，生一子朱柱，徙居湖南平江岑川。

建阳考亭派第三世长孙朱治一支，留守建阳。朱治生三子：朱文明、朱文鉴、朱文德。其中，长子朱文明，元代任泽州知州。季子朱文德本名朱勋，字文德，又自建阳考亭分迁婺源。

据族谱记载，岑川朱氏第五世祖京公朱显京为敬宗收族，特撰写了自第六世也即他的儿子“应”字辈的派语：“应天有德，惟绍克昌，永思祖敬，伯庆能良。”后来，第十六世祖朱祖治又撰续了二十代的派语：“基宏开远绪，本厚发嘉祥，先训昭来世，光宗在炳扬。”至今，岑川朱氏已传至“本”字派和“厚”字派，即朱柱的第二十七、二十八代。

湖北应城朱氏也是朱埜考亭派的分支。开基祖朱祐安为朱熹第十一世孙，于明洪武末年携家眷自江西永丰迁湖广德安府应邑（今湖北应城）居住，以开豆腐作坊营生，后裔世代居此，遂为今湖北应城朱氏。应城分支第三世朱景茂支长房另立派语：“学问宽仁，自有文章华国；光明正大，永能忠厚传家。”

华容朱氏为朱埜的另一分支，人丁兴旺，已成当地望族，出了不少人才。这支华容朱氏派语为：“在政蒙天元，民孙世希贤。启心承先训，家宅永传芳。怀仁宜盛发，从善自荣昌。忠存定谋远，文章华国良。”该族以朱熹为第一世，而“在”字派为第二十四世。

二、寻根祭祖归婺源

徽州婺源是朱子的祖籍地，也是紫阳朱氏的发源地。朱熹的父母生于斯长于斯，他的六位直系祖先也都葬于此，因此，朱熹生前便对婺源祖地情深意重，并于1150年和1176年两次回婺源祭扫。此后，朱熹一再嘱咐子孙，一定要守护好祖先丘墓，定期祭扫。

但在宋元之际，因兵乱战火，福建朱氏无法回婺源扫墓，而婺源的100亩祭田及朱氏故居、遗址等也被他姓人家侵占殆尽。到元朝至治三年（1323年），福建朱氏朱熹曾孙朱晋臣，五世孙朱林、朱彬、朱勋、朱文明、朱文鉴等人，一同回婺源祭祖扫墓，见物非原主，于是状告于徽州府和婺源县，想要收复故地，但一直悬而未决。直到元统二年（1334年）进士干文传任徽州知府才判决此事，恢复了朱氏的故宅、遗址、丘墓和祭田。朱氏族人又向朝廷奏请依照颜回、孟子故宅立庙成例，在婺源朱氏故宅建立朱子家庙，得到批准。至元元年（1335年），徽州婺源朱文公祠正式落成，朱子后裔在此举行极为隆重的祭典。

复地、建祠之后，在福建的紫阳朱氏族人决定派一支家族回迁婺源主持庙祭，守护祖先故居、丘墓。因此，作为朱熹次子的朱埜考亭派第四世、朱熹的第五世嫡孙朱勋，便于元朝至元年间携二子回归紫阳朱氏祖地——徽州婺源，守护朱氏祖基，主奉朱文公祠祭祀。据族谱记载，朱勋生五子，其中长子、四子、五子均留居福建建阳考亭，而次子朱域、三子朱境则随父返归婺源，后裔构成婺源朱氏东、西两大房。

此后，考亭回归婺源的这一支朱氏嫡裔家族日益兴旺，影响日见强大，地位不断上升。婺源朱氏传到第九世时，便出现了朱璟、朱琳、朱桢兄弟三人。其中长子朱璟是明朝天顺元年（1457年）进士，累官至福建转运使，在当时以为官廉洁著称；三子朱桢由县学生员入太学，官授婺源县儒学训导。当时，明王朝重理学、尊朱子，作为朱熹的北归嫡裔，婺源朱氏也令人刮目相看。明景泰六年（1455年）代宗皇帝下诏，命朱熹后裔婺源九世孙朱琳进国子监读书。朱琳的儿子朱熜任七品散官，奉掌婺源文公祠事。朱熜生二子：朱城、朱墅，长子朱城做了太医。明嘉靖二年（1523年），世宗皇帝又下诏以朱墅为翰林院五经博士，永远世袭，以掌婺源文公庙祭祀之事。朱墅告老还乡后，由他的儿子朱镐袭为五经博士。因此，婺源朱氏成为可以与建安朱氏相媲美的文化贵族。婺源朱氏世袭五经博士，直到清末民初。时至今日，朱熹次子朱埜一派后裔仍分居于建阳考亭和江西婺源。每逢三月初九朱熹去世日，建阳和婺源族人都要在两地的家庙中祭祀他们伟大的先祖——朱熹。

三、郁郁葱葱叶如盖

当朱埜的主支后裔回归婺源时，他的另一支后裔则向东南迁徙，形成后世的兴宁客家朱氏。据广东兴宁《朱氏族谱》和《客家姓氏渊源》记载，客家朱氏出自朱埜的次子朱铨。朱铨，字子弘，官任庐陵参佐，因喜爱庐陵山清水秀，任满后就留居于庐陵，定居城北上苍，于是开庐陵朱氏一族。

朱铨之子朱元圭，号德斋，进士出身，官任梁州刺史，建莪溪书院，每日与学者讲道明理，是文天祥的老师。

庐陵朱氏由始祖朱铨下传六代，有朱寨、朱章甫二人，分别迁福建建宁和江西吉安。其中朱寨由庐陵迁福建建宁，后裔有朱彦明，又于明朝末年从建宁迁入广东兴宁古塘村，成为客家朱氏古塘派的开基始祖。

庐陵朱氏第六世朱章甫，字成宝。宋末因避战乱由庐陵徙居江西吉安府安福，后又从安福迁至广东兴宁，定居于兴宁县宁中乡竹丝湖会众岭，开基客家朱氏兴宁竹丝湖派。

兴宁竹丝湖客家朱氏始祖朱章甫共生四子：朱海、朱洲、朱泗、朱瑾。其中，三子朱泗，字千福，号育贤，生于元朝大德七年（1303年）。生一子朱全五，官任广东惠州府归善县正堂。四子朱瑾留居竹丝湖，生子朱焕章，官任广东揭阳县学政。

朱全五共生九子，又分迁各地发迹。其中长子朱友光徙居平远县开基；八子朱友祯、九子朱友亮迁居朱坑，于是开大坪朱坑朱氏，至今已传二十四世，也即朱熹的第三十五代孙。

第四节　朱在后裔——考亭三房

朱在后裔作为朱熹后裔考亭三大房中的幺房，西迁北徙，后裔兴旺，衍生出无数朱氏英杰，遍布华夏。朱在一派紫阳朱氏也没有长期留守建阳考亭，而是向外拓展，一支向西迁至福建本省的邵武开基，一支向北徙居浙江杭州武林，从而形成紫阳第三房朱在派的南、北两大主干，而后在几百年的发展过程中，又衍生出众多的朱在派紫阳朱氏支系，构成今日紫阳朱氏的一个重要组成部分。

一、松柏枝枝相覆盖

朱熹的三个儿子中，幼子朱在在当时职位最高，地位最显赫，家族最尊贵。朱在生于福建崇安五夫里，21岁时随父迁居建阳考亭。朱熹死后的27年即宝庆三年（1227年），朱在带着长兄朱塾的儿子朱鉴从建阳考亭迁居到建安县城。建安朱文公祠落成后，朱在住在文公祠侧，并在建安城文公祠居室门上写有一副对联：“筑室承先志，卜宅本贻谋。”后来，朱在去世后就葬在建安县城东永安寺后黄华山。据《建瓯县志》记载，朱在墓地明永乐年间曾被寺僧占据，到景泰二年（1451年），朱在八世孙朱沅诉于官府，才又重归朱氏族人。

朱在有四子：朱铉、朱钦、朱铸、朱铅。其中朱钦、朱铅早逝，朱铉和朱铸后裔，则子孙绵绵，世泽永长。

二、阶前梧叶已秋声

据《紫阳朱氏武林派宗谱》记载，朱在长子朱铉，字子玉，以荫授宣义郎，特差任安庆府太湖县知县，官赠朝奉大夫。朱铉共生四子：朱泾、朱源、朱浣、朱濂。

朱铉长子朱泾，字原清，以荫补登仕郎。

朱铉次子朱源有一子：朱中。朱中生朱琓，朱琓生朱景芳。

朱铉三子朱浣，字深渊，做过提督，自建安徙居盐官湖塘里，生二子：朱枘、朱桂。朱枘，字公材，又自盐官湖塘里迁凤岗镇，后又分出鹤墩等派；朱桂，字公芳，迁居小桃源，后又分出嘉兴、皂林等派。

朱铉四子朱濂，字深溪，生一子：朱栝。朱栝，字公实，徙居东乡全家庄，后又分出浮桥、河口等派。

朱铉长子朱泾，夫人李氏生二子：朱楫、朱枰。朱楫，字济川，官任杭州路推官，因徙居杭州。朱楫夫人林氏，生二子：朱燿、朱烛。其中，次子朱烛，传至第四世又避居海宁，后分成海宁西路场、东民灶二派。

朱楫长子朱燿，字文明，徙居盐官湖塘里，随叔祖朱浣而居。朱燿妻李氏，生二子：朱坤、朱世。朱坤，字载夫，娶妻许氏，生二子：朱釜、朱键。

朱在第九世孙朱朴，字彦诚，号诚斋，生于元朝至元五年（1339年）。明朝洪武初年，朱朴官任勘合，自盐官湖塘里迁居浙江杭州，主持杭州城的朱文公祠祭祀事宜，成为杭州朱氏始迁祖。杭州城有武林山，因而杭州旧又称武林。所以世人又称这支定居杭州主持朱文公祀事的朱熹后裔为武林朱氏。

武林朱氏始迁祖朱朴卒于洪武十四年（1381年），葬在杭州武林山。朱朴夫人祝氏，生二子：朱芾、朱勉。朱朴长子朱芾无子；次子朱勉，生子源，过继给朱芾为嗣，主祀大宗。

据《紫阳武林派宗谱》记载，武林朱氏有许多成员又外迁立业，如第十七世朱锡常携子朱逢治迁衢州，朱锡瓒迁湖广，朱锡星、朱锡庚兄弟迁绍兴；第十八世有朱麟治等迁居福建；第十九世朱树奎等迁台州，朱树黄迁居诸暨，朱树业迁居平湖；第二十世朱文耀、朱文灿迁居江西；第二十一世朱廷陛、朱廷陞徙居广西；第二十二世朱祖玉徙居苏州。

朱在身后的三十几代后裔大多分布在福建、浙江、江西、安徽、广东、江苏、湖南等地。

朱铸，字子度，生于南宋嘉定八年（1215年），卒于元朝至元十三年（1276年），初以荫授承奉郎，累官至朝请大夫、湖南转运使。娶妻刘氏，封夫人，生二子：朱沆、朱淮。

朱铸长子朱沆，字端凝，元初以荫补将仕郎，后官任建宁县主簿，卒年54岁。朱沆次子朱桦（1276—1328年），勤奋好学，勤俭持家，上奉双亲，下扶二弟，39岁时以荐授福建汀州路儒学教授，后升福建漳州路儒学教授，卒后赠承务郎江浙等处行中书省左右司员外郎。朱桦娶妻倪氏，有一子朱炘，读书有气节，曾经两任学官，升福建、江西省掾，后因故被贬谪任颍川县儒学训导，死于任上。

朱铸次子朱淮，元初任福建泉州路总管推官，曾在饶州路建朱文公祠，又建书院教诲子弟，奉承香火，传续道学，名重一时。

第六章

历代朱姓名人传略

“滚滚长江东逝水，浪花淘尽英雄。”综观历代朱姓人物，自古英雄辈出，在朱姓的发展演变历史中，不仅出了伟大的思想家理学大师朱熹，还有后梁和大明王朝的开国皇帝，使“朱”字成为皇氏国姓。历史上有“两朝天子、一代大儒”的说法。

历代朱姓名人既有文臣纵横政坛、武将驰骋疆场，也有古圣先贤徜徉学海、活跃社会；既有多才多艺、博采众长的科学家，也有循循善诱、诲人不倦的教育家。他们或一展雄才大略，或尽显俊杰本色；他们为臣则忠心报国，居官则清廉爱民，拜帅授将则运筹帷幄、奋勇抗敌，求学问道则孜孜不倦、教化育民。

本章主要选取历代（主要是古代）德才兼备、影响较大的朱姓名人，以传略形式加以简介，以期“窥一斑而知全豹”。这一章内容因为绝大部分为史实，所以尽量“述而不作”，让人物自己“说话”。

第一节　雄才大略的帝王

“天为帐幕地为毯，日月星辰伴我眠。”古往今来，在中国历史上朱姓帝王之气旺盛，出现了不少帝王。他们的地位有高低，影响有大小，为政风格也各有千秋。从隋末朱粲造反称帝，历经砀山朱氏朱温的后梁王朝，直到14世纪凤阳朱氏朱元璋重温帝王之梦，朱姓正式上升为国姓，成为最为显赫的姓氏，在此期间称帝者21人，称王者无数。

一、草根出身的开国皇帝朱元璋

一谈起朱元璋，大家都知道他是安徽凤阳人。其实严格说来，朱元璋的祖籍并非凤阳，而是金陵句容（今江苏句容）。明朝皇族朱氏属于沛国郡这一大宗，但有史可考的最早发源地却只能追溯到金陵句容朱家巷。

在朱元璋亲自撰写的《朱氏世德碑记》中说：“本宗朱氏出自金陵之句容，地名朱巷，有通德乡。上世以来，服勤农桑。”可见，明朝皇族原本是金陵句容朱家巷通德乡的一个普通农民家族，文化素质不高，对宗族的历史不很重视和了解，以至于连开创大明天下的太祖朱元璋本人也不清楚句容朱氏出自何方。传说这位农民出身的皇帝还曾一度想认圣人朱熹做祖先，后来有人劝阻他才作罢。

其实，朱元璋虽不是朱熹的后代，但句容朱氏却的确与朱熹的紫阳朱氏有关系。据《丰城社山朱氏世考》记载，金陵句容朱氏的确源出朱熹所在的婺源茶院朱氏，与朱熹共祖茶院制置使朱瓌，并同祖婺源茶院第三世祖朱昭元。朱瓌的曾孙朱惟甫一支仍居婺源，朱熹即为他的第六世孙。朱惟甫之弟朱惟节，官任礼部员外郎，开始从徽州婺源徙居金陵句容北街巷，遂开句容朱氏一派。后句容北街巷朱氏族姓繁衍发展为当地大姓世族，以姓称呼所居地，改北街巷为朱家巷。因此作为明皇族前身的江苏句容朱家巷朱氏，与朱熹同属婺源朱氏一宗，也就难怪朱元璋当年冒认朱熹为祖了，他可能依据族中的某些传说，并不完全是一厢情愿的臆断。

朱元璋（1328—1398年），幼名重八，又名兴宗，后改名元璋，字国瑞，濠州钟离（今安徽凤阳）人，出身贫民家庭。少年时正值元末统治腐败，社会矛盾不断激化，自然灾害频频发生，朱元璋全家八口有六人先后饿死、病死。为了生存，17岁的朱元璋只好出家为僧，不久后，又离开家乡到处流浪做了乞丐。

此后红巾军起义爆发，在1352年，他参加了濠州郭子兴的红巾军，并正式改名为朱元璋。由于他机智勇敢，被郭子兴招为女婿，成为义军中的重要人物。1355年，郭子兴和其子郭天叙相继病逝，28岁的朱元璋被推举为义军首领。三年后朱元璋率部攻占集庆（今南京），他采纳谋士朱升提出的“高筑墙，广积粮，缓称王”的建议，带领常遇春、胡大海、汤和、徐达等转战南北、西征东讨，先后打败了陈友谅和张士诚，经过艰苦卓绝的十六年征战，朱元璋终于在1368年登上了皇帝的宝座，建立大明王朝，年号洪武，定都应天府（今南京），随即灭元，一统天下。

朱元璋称帝后，采取了一系列休养生息的措施，并且以身作则，倡导节俭之风，于是元代后期以来急剧动荡的社会逐渐趋于稳定。他始终不放心那些跟自己打江山的功臣，就罗织各种借口对他们大加杀戮，制造了许多狱案，全国先后有七八万人被杀。朱元璋在位31年，洪武三十一年（1398年）病卒，享年71岁，史称明太祖。

二、励精图治的明成祖朱棣

朱棣（1360—1424年），朱元璋第四子，是明朝第三位皇帝，洪武三年（1370年）封燕王，后在北平（今北京）建立藩国。曾多次率部击退塞外元朝残余势力的进攻，威名大震，其势力也急剧膨胀。朱元璋去世后，建文帝即位，他采纳大臣齐泰、黄子澄等人的建议，实施削藩政策，陆续废了周、湘、代、齐、岷等藩王。建文元年（1399年）七月，朱棣打着“清君侧、靖国难”的旗号发兵南下，经过四年鏖战，建文四年（1402年）六月，他挥兵渡过长江，攻入南京，夺取了帝位，改元永乐。

朱棣即位后，一方面安抚因战乱而流离失所的百姓，恢复战乱地区的生产，另一方面继续采取削藩政策，进一步加强和巩固中央集权。同时改变明初禁海闭关政策，派郑和七下西洋，与许多国家建立起友好关系，前来进行贸易的国家达数十个。为了加强对东北地区的控制，捍卫领土完整，鉴于元朝残余势力对北部边疆的威胁，他前后五次亲征漠北，并于永乐十九年（1421年）正式迁都北京。

他知人善任，勤于政务，关心民间疾苦，每遇旱涝等自然灾害，都能及时采取措施，往往是早晨得知灾情，晚上就颁布有关赈济的诏书。他重视文化教育事业，曾组织大批学者编纂了规模宏大的《永乐大典》，成为中国古代文化史上的一次盛举。朱棣是明代非常有作为的一位皇帝，在他的统治下，明王朝开始走向兴盛。

朱棣在位22年，其间迁都北京整理内政，又远征越南、鞑靼、瓦剌、阿鲁台等。永乐二十二年（1424年）七月，在北征蒙古返师途中病卒，享年65岁。死后谥孝文皇帝，史称永乐皇帝。

第二节　鞠躬尽瘁的名臣

“苟利国家生死以，岂因福祸避趋之。”自古明君配贤相，历史上朱姓虽以武将著名，但也出了不少治国名臣、直谏忠臣：既有汉代负薪苦读的会稽太守朱买臣，也有唐代位居宰相、诤言进谏、为官清廉的朱敬则，更有汉代“折槛旌忠”、杀不死的诤臣朱云。

一、关心民瘼的丞相朱博

朱博，生卒年不详，字子元，杜陵（今陕西长安）人。年轻时家境贫穷，为人任侠仗义，名震一方。历任京兆曹史列掾、督邮书掾等职，始终恪尽职守，得到时人称赞。御史中丞陈成蒙冤下狱，朝中官员都明哲保身，不肯出面为其申辩，只有朱博挺身而出，多方调查取证，使陈成得以无罪释放。汉成帝即位后，朱博先后出任冀州刺史、大司农、廷尉等职。在地方任职期间，他勤于政务，关心百姓疾苦，注意整肃吏风，打击豪强，得到百姓的拥护。

汉哀帝即位，朱博迁任京兆尹，数月后便破格升任大司空，位居“三公”之列。当时西汉王朝政治腐败，社会动荡。朱博陆续提出了机构改革、吏治整顿等一系列建议，希望能挽大厦之将倾。不久出任丞相，爵封阳乡侯，食邑两千户。朱博上书辞谢，认为按规定丞相的封邑不能超过千户，不能因为自己而坏国法。但朱博太重感情，在处理某些事情时不免拘泥于私情，部分对其心怀不满的官员趁机联名上奏弹劾，朱博深知朝中权力之争的残酷性，自杀而死。

二、敢于直谏的宰相朱敬则

朱敬则（635—709年），字少连，亳州永城（在今河南）人。年轻时胸怀大志，勤奋好学，以辞学知名。又崇尚节义，乐于助人，为时人称赞。唐高宗召他入京，当面考核，觉得确实名副其实，准备予以重用。由于中书舍人李敬玄从中作梗，只授予他洹水县尉的低职，后累迁为右补阙。

天授元年（690年），武则天称帝，改国号为周。为加强对异己势力的防范，她运用恐怖手段大兴告密之风，一时酷吏横行，冤狱纷起，弄得人心惶惶。朱敬则不顾个人安危，慷慨陈言，以秦汉以来的历史教训，说明行仁政、重礼治的重要性和必要性，得到武则天的称赏。不久迁为正谏大夫，同凤阁鸾台平章事，兼修国史，执掌宰相之职。

当时官府赋税繁重，百姓生活艰苦，朱敬则多次提出调整赋税政策的有关建议，不少为武则天所采纳。深受武则天宠爱的张易之兄弟因与御史大夫魏元忠、凤阁舍人张说有矛盾，便设计诬陷两人。朝中大臣都不敢说话，只有朱敬则直言上谏为魏、张两人申辩，由此得罪了张氏兄弟。于是他主动提出辞去相职。史称朱敬则为官清廉，生活俭朴，回家乡时只乘一匹马，子侄和随从都只能步行。他曾搜集魏晋以来君臣成败事例进行分析，编撰了《十代兴亡论》以供现实借鉴，又著有《五等论》等。

三、临危受命的爱国宰相朱胜非

疾风知劲草，板荡识忠臣。朱胜非（1082—1144年），字藏一，蔡州（今河南上蔡）人，南宋初年宰相。宋徽宗崇宁二年（1103年）登太学上舍，累迁东道副总管，权知应天府。北宋末年，金兵南下攻占汴京（今河南开封）。宋靖康二年（1127年），金兵在将汴京洗劫一空后，挟持徽、钦二帝及宫妃宗室、大臣等千余人北上。临退兵前，扶持张邦昌成立傀儡政权。但张邦昌根本得不到人民的支持和拥护，中原地区陷入混乱无序状态。朱胜非赶往济州（今山东济宁），对侥幸逃脱金兵魔掌的徽宗第九子康王赵构说："南京（应天府，今河南商丘）是个可以兴王业的地方，您应该到那里去，根据形势发展，再图中兴大业。"赵构接受朱胜非的建议，移驻应天府，随即正式称帝，重建赵宋政权，史称南宋，赵构就是宋高宗。

赵构称帝后，朱胜非历任中书舍人、尚书右丞、中书侍郎等职。时值政体草创，各方面都需要从头开始，他尽己所能，全力辅佐匆忙即位的宋高宗，得到宋高宗的称赞，拜其为尚书右仆射兼御营使，居相位。南宋建炎三年（1129年），在金兵的一路追击下，宋高宗南退到杭州。随从将领苗傅、刘正彦趁机发动兵变，逼迫赵构退位，史称“苗刘之变”。在这危急关头，朱胜非随机应变，左右斡旋，联合其他大臣和将领很快就平定了兵变。此后，朱胜非一度离开朝廷。南宋绍兴二年（1132年），他奉诏出任尚书右仆射、同中书门下平章事，再次入朝执政，其间曾主持编定《吏部七司敕令格式》180卷，作为吏部的法规汇编。

宋室南渡后，朝廷上下在宋金关系的问题上斗争十分激烈，由于朱胜非主张与金人议和，故与主战派不合；但在和谈盟约内容上，他又与以秦桧为首的主和派意见不一，受到他们的排挤打击。秦桧掌权后，他闲居八年，于绍兴十四年（1144年）去世，谥“忠靖”。著有《绀珠集》《秀水闲居录》等。

四、负薪苦读的好学榜样朱买臣

朱买臣，生卒年不详，字翁子，西汉吴县（今属江苏）人，西汉大臣。汉武帝时，为中大夫，累官至会稽太守、主爵都尉、丞相长史，位列九卿。有一个儿子朱山拊，后来做到了郡守和右扶风的官职。

朱买臣家贫好学，靠卖柴为生。《三字经》中“如负薪”的典故，说的就是朱买臣家贫，卖薪自给、刻苦读书的故事。民间还流传着有名的“覆水难收”和“马前泼水”逸闻逸事，都与朱买臣有关。

后朱买臣经同乡严助推荐，拜为中大夫。东越多次反叛，朱买臣向汉武帝献平定东越的计策，获得信任，出任会稽太守。约一年后，因平定东越叛乱的军功升为主爵都尉，列于九卿。

五、“折槛旌忠”的诤臣朱云

君有诤臣，不会亡国。父有诤子，不会败家。汉代的朱云就是这样一位诤臣。朱云，字游，汉时鲁地（今山东一带）人，公元前48至公元前33年任槐里令。对治所内所辖权贵毫不畏惧，数次为民除害。后迁居平陵（今陕西咸阳）。年轻时为人轻财仗义，路见不平即勇力相助。40岁以后，刻苦攻读。御史大夫贡禹将他推荐给朝廷。他本可以担任太守、御史大夫之类的职务，但因太子少傅匡衡等人的阻挠，最终未被任用。后来在许多大臣的一再荐举下，朝廷拜朱云为博士，迁杜陵令，改槐里令。中书令石显等结党营私，排斥异己，朝中官员大都敢怒不敢言，朱云挺身而出，历数石显等人的罪状，要求予以严惩。

汉成帝即位（公元前32年）后，曾任成帝老师的张禹权倾一时，奸臣胡作非为，欺凌乡里，百姓敢怒不敢言，可是朱云不信邪，虽然只是个县令，却上奏本请求皇帝下达命令，自己愿请尚方宝剑，亲自斩杀奸臣。当时汉成帝非常宠幸张禹，当然不许，一怒之下，要把朱云拖出去斩首。朱云面不改色，毫不畏惧，继续滔滔不绝地向皇帝陈说张禹的罪状，大讲一定要杀张禹的道理。此时，刽子手拎着刀要把朱云拖走，朱云本是一个文弱的书生，被刽子手这一拖就倒地了。倒地后的朱云依然用手扒着门槛，说：“皇上，您一定得杀张禹啊，留张禹祸国殃民，杀了张禹国泰民安！”皇帝更恼火了，让赶快将他拖出去砍了。可无论刽子手怎么拖，朱云就是不走，拼命扒着门槛，一边扒一边说张禹必须要杀。到最后，朱云把门槛都给掰断了，刽子手也累得没劲了，两个人都倒在了地上。皇帝一看这个人不畏强权，忠心耿耿，真是杀不死的诤臣啊！加上大臣求情，于是成帝宽恕并奖励了朱云。事后有人要修理殿前门槛，皇帝有感于朱云的正直，下令保留这一处损坏的地方，并说“不要修了，就留着它，可以让我检讨自己，多听忠言。”还号召官员们学习朱云的正直忠心。从此，“折槛旌忠”的故事就在当时广为传颂了。

“折槛”事件后，朱云退出官场，致力于授徒讲学，据说学者云集，遍及全国。他在临终时留下遗言：“就穿身上的这些衣服入殓，棺材能容身就足够了，土坑只要能埋棺材就可以了。”其清廉简朴可见一斑。朱云刚烈的事迹名垂青史，因此，后来朱云便成为朱氏“折槛堂”的始祖，这一支基本上都是朱云的后代。

六、侠肝义胆的守节之臣朱晖

朱晖（7—89年），字文季，南阳宛县（今河南南阳）人。因父母早亡，寄养在外祖父孔休家。13岁那年，外祖父家为躲避战乱，逃往县城。途中遇到盗贼抢劫，其他人都吓得趴在地上磕头求饶，朱晖却挺身而出，拔出佩刀指着强盗说：“衣物钱财你们可以拿去，但不能动妇女半点毫发。如果你们胆敢胡来，今天我就是死，也不能让你们得逞。”见稚气未脱的少年竟然如此勇敢，盗贼们大出所料，最终放过了这群逃难者。

朱晖的父亲朱岑与光武帝刘秀是同窗好友，交情很深。刘秀即位后便将好友的遗孤召入京城，准备委以官职。但朱晖到京后，却推辞不就，坚持入太学完成学业。由于学识渊博，品德高尚，朱晖逐渐为士大夫们所推重。国舅信阳侯阴就敬慕朱晖为人，几次想见一面，都遭到朱晖的拒绝。

他感叹地对人说：“真是有节操的志士啊！我就不再为难他了。”后来，朱晖到地方任职，当地太守想买其婢女，朱晖不同意。等太守死后，他又将婢女送给太守家人。有人讥笑他，他解释说：“当太守有求于我时，我若答应便会玷污他的名声，所以拒绝了。现在赠送给他的家人，是要证明我并不吝啬。”朱晖的好友张堪、陈揖去世后，他们的家人生活很困难。朱晖知道后，竭尽所能帮助他们，像对待自己的子女一样照顾他们。

汉章帝即位（76年）后，朱晖重新应召入朝，拜尚书仆射，参与朝政。他仍不改正直的性格，每遇朝政大事都敢于据理力争，直陈己见。和帝即位（89年）后，准备北征匈奴，朱晖极力反对，本打算上书劝阻，但奏章还未完成，便因病去世，享年82岁。

七、针砭时弊的忠臣朱穆

朱穆（100—163年），字公叔，朱晖之孙。自幼以恪守孝道著称，每当父母生病，便不吃不喝。长大后酷爱读书，在读书或沉思时，往往忘了自己身在何处。50岁时还拜赵盛为师，像小学生一样虚心向老师请教。

汉顺帝末年，江淮之间盗贼横行，官府一时束手无策。有人将朱穆推荐给执掌朝政的大将军梁冀。梁冀就把朱穆召入幕下，主持军中事务，而且非常倚重他。汉桓帝即位（147年）后，朱穆累迁侍御史，先后推荐了许多人才。当时梁冀的权势十分显赫，朝中大臣对其唯唯诺诺，朱穆却一再提醒梁冀不要被小人谗言所惑，应大公无私，招纳贤能之士，黜免奸佞之辈。鉴于当时世风日下，政局混乱，他特作《崇厚论》激浊扬清，倡导敦厚之风，在士大夫中引起强烈反响。又作《绝交论》，对时弊多有针砭。

汉永兴元年（153年），朱穆出任冀州刺史。到任后，他顶住各种压力，大刀阔斧地整顿吏风，打击豪强，关心民间疾苦，深受百姓欢迎。太学生刘陶等数千人联名上书皇帝对朱穆大加称颂。当时外戚、宦官专权，朝廷日趋腐败，朱穆大胆上书，要求黜退外戚，尽杀宦官，厘清朝政。桓帝看了十分恼火，对朱穆严厉斥责，但朱穆仍然坚持己见。朱穆报国无门，非常愤懑，于汉延熹六年（163年）抑郁而终。

朱穆为官数十年，生活俭朴，布衣蔬食，死后家无余财。在一些官员的倡议下，桓帝下诏褒奖他的廉洁奉公，追赠益州太守。当时，著名学者蔡邕与门人商议，谥朱穆为“文忠先生”。

八、为民求雨死于任上的朱光庭

朱光庭（1037—1094年），字公掞，自幼聪颖过人，长于文章。以父荫授万年县主簿，廉洁奉公，不徇私情。后历任四县县令，口碑很好。朱光庭曾奉诏入京，得到了宋神宗的召见。朱光庭直言不讳地指出：陛下更张法度，推行改革措施，臣下奉命施行，有些措施成效良好，有些措施影响很坏。如果能废除造成坏影响的措施，实为天下之幸。当时神宗正推行变法，觉得朱光庭所言不合己意，便不予重用，只授其河阳判官。后来朱光庭随吕大防参与对西夏政权的军事行动，因其为人耿直，与同僚多有冲突。

1086年，宋哲宗即位，哲宗的祖母高太后临朝听政。在大臣司马光的推荐下，朱光庭入朝出任左正言。他建议废除常平法、保甲法、青苗法等给百姓造成不便的变法措施，又弹劾蔡确、章惇、韩缜等，受到高太后的嘉许，累迁左司谏等职。这时河北发生严重饥荒，朱光庭指令巡视官开放官仓，赈济饥民。按宋朝的规定，动用地方储备粮食，必须报请朝廷同意，朱光庭因此受到处分，降为左司员外郎。后历任太常少卿、侍御史、右谏议大夫、给事中等职，以集贤殿修撰知亳州、潞州。在潞州任职期间，邻境因干旱闹饥荒，饥民纷纷涌入潞州。朱光庭亲自主持安置、救济灾民的各项工作，常常忙得顾不上吃饭。终因积劳成疾，在主持祈祷降雨仪式时，跪拜下去，便再也没有起来，时年58岁。

九、献身水利的河神“朱大王”朱之锡

朱之锡（1623—1666年），字孟九，浙江义乌人。清初治河名臣，顺治时期历任兵部尚书兼都察院右副都御史、总督河道等职，代表作有《河防疏略》。顺治十四年（1657年），他以兵部尚书衔驻守济宁（在今山东），开始承担起治理黄河的重任。次年十月，黄河在山东境内决口，朱之锡接到报告后立即赶赴现场，组织民工堵塞决口。鉴于黄河下游部分河段泥沙淤积严重、河水下泄不畅的情况，他改变以往掏挖泥沙的被动做法，撇开曲折的河段，另外开挖直河，以便于河水东流，减少泥沙沉积。同时上书朝廷，总结历代治河的经验教训，提出一系列的具体措施，为朝廷采纳。由于其治河有功，加太子少保。

康熙元年（1662年），黄河在河南境内多处决堤，淹没沿岸许多府县，情况十分严重。朱之锡一方面迅速调集人力物力，赴各地抢修河堤，一方面亲临主要决口处，全力围堵。经过多番努力，修复了护河大堤。后上书皇帝，要求统一黄河中下游各地的治河活动。康熙帝认为言之有理，

下诏各地依此而行。

朱之锡负责治河工作近十年，康熙五年（1666年）二月，因积劳成疾，病逝于任上，年仅44岁。噩耗传开，沿河百姓痛哭流涕，他们不愿相信朱大人已经死了，而是说他升天成为河神，称其为“朱大王”。时任直隶、山东、河南总督的朱昌祚在上疏中高度评价朱之锡的治河功绩和为官作风，称赞他治河十年，日夜操劳，廉洁奉公，不计私利。乾隆四十五年（1780年），朝廷追封朱之锡为助顺永宁侯，由官府春秋祭祀。

第三节　精忠报国的将士

“文能提笔安天下，武能上马定乾坤。”在中国历史舞台上朱姓以武传家，勇猛武将和英豪侠客层出不穷。既有名列《史记·游侠列传》之首的朱亥，又有定国安邦的三国功臣朱治等。

一、赤胆忠心的大力士朱亥

朱亥（？—前257年），大梁（今河南开封）屠户出身，战国时魏国大力士，为人行侠仗义，隐于市井，与侯嬴相友善。公元前258年，信陵君窃兵符救赵，他因侯嬴举荐，随同前往邺（今河北磁县南），用四十斤铁锤击杀魏将晋鄙，助信陵君夺得军权。次年，魏国击退秦军，解邯郸之围。这一仗之后，朱亥名声大震。朱亥的故里叫仙人居，人们称朱亥为朱仙，后人为了纪念朱亥，就把朱亥的故里改成朱仙镇。绍兴十年（1140年），岳飞曾在这里大败金兀术，令金兵闻风丧胆。

后朱亥随信陵君使秦，秦王见其力大勇猛，想把他留在秦国，朱亥宁死不从，于是秦王将其与猛虎关一笼中，猛虎向他扑来，他袖出铁锤一声大喝："孽畜，你敢！"那虎闻雷鸣般吼声，顿时吓得伏地不敢动弹。秦王见猛虎都怕朱亥，便将朱亥囚禁起来。朱亥见无法回国，便以头撞柱，柱断而未死，又以手扯喉，喉断而亡。

二、定国安邦的三国功臣朱治

朱治（156—224年），字君理，丹阳故鄣（今浙江安吉）人。东汉末年至三国时期吴国将领。东汉末年天下大乱，群雄并起，朱治随孙坚起兵，征战各地。东汉初平三年（192年），孙坚战死，其子孙策继领其部，依附于占据淮南的袁术。朱治见袁术为人碌碌无为，难成大事，便劝孙策到江东一带发展自己的势力。孙策接受这一建议，借口为父亲报仇，率领手下人马渡过长江。朱治率军征战，打败扬州刺史刘繇，逐渐控制了江南部分郡县，为孙吴政权的建立奠定了基础。

东汉建安五年（200年），孙策战死，朱治与张昭等人共推孙策之弟孙权为主，此后朱治率军不断征战，为孙权统一东南、巩固统治立下卓越的功勋。黄武元年（222年）进封毗陵侯，后改封故鄣侯，拜安国将军，配金印紫绶，深受孙权的敬重。朱治每次觐见孙权，孙权都要亲自下台阶迎接。朱治生活节俭，为人谦恭，虽功绩卓著，却从不居功自傲，善待同僚和下级。即便是普通百姓去找他，他也要迎至客堂，设宴款待。后以年老还乡吴郡，黄武三年（224年）去世，享年69岁。

三、临危不惧的三国名将朱桓

朱桓（177—238年），字休穆，吴郡吴县（今江苏苏州）人。三国时期吴国名将，骠骑将军朱据从兄、镇南将军朱异之父。朱桓官至前将军、青州牧，封为嘉兴侯。初为孙权幕僚，后成为余姚长。为消除瘟疫，朱桓派属内医师和自己亲戚中懂医术的人，深入民间治病施药，又拿出自家粮食赈济灾民，当地百姓都很感激他。

朱桓又招募士卒讨伐平定了当地的山贼，后来成为濡须督。夷陵之战后，曹仁率领几万步骑出征濡须（在今安徽芜湖），扬言攻打羡溪。朱桓分兵救羡溪，军队出发之后，才突然得知曹仁要进军濡须，但要追回救羡溪的军队已经来不及了。当时朱桓手下只有五千人，诸将都十分恐惧，然而朱桓巧施计谋，诱敌深入，斩杀魏军千余人。三国吴嘉禾元年（232年），朱桓又一次大败魏军，使魏军再也不敢轻举妄动。

朱桓性格高傲，每次临阵交战，统率军队若不得自由控制，就会埋怨激愤，耻于为人所驱使。然而朱桓轻财重义，且记忆力好，见人一面，几十年不会忘记，部下人数众多，他们的妻子和儿女朱桓全都认识。他爱护部下，赡养亲戚，将俸禄、家产都分给他们一同享用。朱桓病重的时候，全军营的将士都十分担忧。后来朱桓狂病发作，回建业（在今南京）治病，并于赤乌元年（238年）病死，享年62岁。朱桓死时部下不论男女，无不痛哭流涕。又因为其家里没有财产，孙权赐五千斛盐来处理丧事。

四、身先士卒的“口吃”将军朱伺

朱伺，生卒年不详，字仲文，安陆（今湖北钟祥）人。年轻时在孙吴做过下级小吏。西晋灭吴后，迁居江夏（今湖北武昌）。以勇武著称，从军作战，多有战功。

西晋统一全国后，统治逐渐腐败，民众反抗斗争不断。西晋太安二年（303年），义阳人张昌聚众起事，控制了长江中游的许多郡县。朱伺率部参与征讨，几经鏖战，镇压了起义军。战后，以功迁骑部曲督，加绥夷都尉。不久又爆发“陈敏之乱”。朱伺奉命统率水军，一举打败前来进攻的叛军，然后乘胜追击，大获全胜。由此晋封亭侯，领骑督，驻守江夏。此后，朱伺随大将陶侃征战各地，屡建奇功。特别是夏口一战，他身先士卒，腿上中箭仍力战不止，最终以少胜多，大败敌军。累加广威将军，领竟陵内史，卒于任上。

朱伺没有读过书，口讷不善言辞，但对儒学之士十分尊敬。他为人恭谦谨慎，即便后来地位不断上升，名声日益提高，也始终保持这一性格，受到时人称赞。

五、母子共赴沙场的朱序

朱序（？—393年），字次伦，义阳平氏（今河南桐柏）人，出身武将之家。随父从军，以战功累迁兖州刺史。

太元二年（377年），朱序出任梁州刺史，镇守襄阳（治今湖北襄阳）。北方前秦政权发兵南下，围攻襄阳。朱序全力固守，一度情况危急。其母韩氏亲自登上城墙巡视，全家人都投入战斗，暂时击退了敌军的进攻。后来人们称韩氏巡视的城墙为“夫人城”，以表达对韩氏的崇敬。由于连续苦战，朱序部下伤亡很大。一些贪生怕死的部下暗中投敌，里应外合，使前秦军最终攻陷城池，朱序被俘。前秦主将苻坚十分赞赏朱序的才能和胆魄，虽多次劝说朱序投降都没有成功，但仍授予他尚书的头衔，留在朝中。

东晋太元八年（383年），苻坚亲率大军南下进攻东晋，东晋发兵抗击，双方展开激战。这就是历史上著名的“淝水之战”。最后晋军大获全胜，朱序也趁机逃出。战后论功行赏，朱序因建立奇功，不仅免去被俘之责，而且官拜龙骧将军、琅琊内史。此后，朱序累迁征虏将军，官豫、兖、青诸州刺史，率兵镇守洛阳。晚年以年老有病请求解职，但未获批准。太元十八年（393年）去世，追赠左将军、散骑常侍。

六、镇守边关的总兵朱谦

朱谦（？—1451年），河南夏邑人，明初将领、勋臣。明正统六年（1441年），朱谦带领部下巡哨边境，与敌军不期而遇，他沉着应战，指挥部下击退敌军。朝廷接到捷报，授其都指挥使，以示褒奖。此后朱谦多次与敌作战，均获胜利，迁都督同知，封抚宁伯。

正统十四年（1449年）七月，北方瓦剌部首领也先亲率大军南侵，在土木堡（今河北怀来）大败明军，擒获明英宗。随后也先继续南攻，兵临宣府（今河北宣化）城下。也先以英宗为要挟，要朱谦打开城门投降。朱谦紧闭城门，做好死守的准备。也先见状只好绕过宣府城。

英宗被俘后，兵部尚书于谦与朝中大臣拥立英宗之弟朱祁钰为帝，即景泰帝，并调集各地部队组织抵抗。朱谦率部在宣府与瓦剌军展开激烈的较量。也先见形势不妙，赶紧退回北方，并于次年秋放回英宗。英宗回京途经宣府，受到朱谦的隆重接待。明景泰二年（1451年）二月，朱谦病逝于任所，追赠侯爵，谥号“武襄”。

第四节　博古通今的文人

“江山代有才人出，各领风骚数百年。”早在汉唐时代，朱姓便涌现出许多能文能武的优秀人才，宋元以后，朱姓更是名人辈出。

一、走遍中国的地理学家朱思本

继裴秀、贾耽之后，元代朱思本是我国地图学史上又一位有杰出贡献的人物。朱思本（1273—1333年），道教徒，字本初，号贞一，江西临川（今江西抚州）人，元代地理学家。

朱思本学识渊博，治学态度严谨，是卓有见识的地理学家。他一生游历了大半个中国，足迹遍及各地。他一方面广泛查阅历代和当世的地理著述、地方档案和相关文献资料，深入考究《水经注》《元和郡县志》《元丰九域志》等著名地理著作；一方面利用奉皇帝之诏祭祀名山大川的机会，考察地理，研究沿革，以实地调查所得，参校前人著作及当时刚完成的《大元大一统志》，绘制成全国性地图集《舆地图》二卷。其图采用《禹迹图》计里画方法，先作各地分图，然后合成大图，精确远过前人，是我国古代传统制图学的高峰，原图已逸。他所绘制的《舆地图》，后经明朝罗洪先增补为《广舆图》，在以后的二百多年中，几乎支配了中国地图学，其影响范围之大由此可见。

二、“东方文艺复兴式”的音乐家朱载堉

朱载堉（1536—1611年），字伯勤，号句曲山人，是明太祖九世孙。河南怀庆府河内（今河南沁阳）人，明代著名的律学家（有“律圣”之称）、历学家、音乐家。

朱载堉自幼聪颖好学。早年即从外舅祖何瑭学习天文、算术等学问，因不满其父获罪被关，筑室独处，直到1567年，其父被赦免，他才愿意入宫。1591年，郑王朱厚烷去世，作为长子的朱载堉本该继承王位，他却七疏让国，辞爵潜心著书。

朱载堉多才多艺，学识广博，用心攻读音律、历算，并拓宽了边缘学科。除丰富的音乐理论外，在乐器制造、古代乐器考证等方面，也取得了骄人成就。他创制了律准、律管以定调值，考证了磬、瑟等古代乐器的名称、形状、音高及制作原理和要求等。其突出表现就是创立了十二平均律。朱载堉还精通天文历法，他编制的《圣寿万年历》对前代的《授时历》进行了许多修正；在数学方面，他以算盘为计算工具进行开方运算，还发现了九进制和十进制的小数换算法和计算等比数列的方法；他还准确地计算出水银的密度；等等。

朱载堉注重科学，勇于实践，不迷信权威，成就斐然，著述甚多，有《乐律全书》《律吕质疑辩惑》《嘉量算经》《律历融通》等。

三、“袒腹晒书”的通才学者朱彝尊

朱彝尊（1629—1709年），字锡鬯，号竹垞，浙江秀水（今浙江嘉兴）人。出身书香世家，清朝词人、学者、藏书家，明代大学士朱国祚的曾孙。朱彝尊与王士禛同时驰名诗坛，当时有“南朱北王”之称。自少勤奋好学，博览众书，能过目不忘。稍长，携带书籍云游各地。每至一处古址遗迹，见到断碑残碣，都仔细抄录，进行校勘、考证。又与李良年、缪泳等人赋诗作文，互相唱和，名声日显。

清康熙十八年（1679年），举博学鸿词科，授检讨，与李因笃、严绳孙、潘耒等共同参与修撰《明史》。历任日讲起居注官等职。后入值南书房，颇受康熙帝宠爱，常让其参加宫廷家宴，又亲笔御书“研经博物”的匾额，赐予其家。曾负责江南科举，因处事公平受到时人称赞，认为其能选拔真正的人才。

朱彝尊学识渊博，治学严谨，研究领域极为广泛。他精通经史，长于考据，熟谙典故，工于诗文。他兼通诸学，学术大家顾炎武对其推崇备至。他一生著述宏富，种类繁多。他还突破了正统儒家“君子远庖厨”的传统观念，对历代饮食文化展开系统深入的研究，著成《食宪鸿秘》，总结了中国饮食文化的起源和发展演变过程，详细著录了400多种饮料、调味品、点心和菜肴的制作工艺，内容丰富，具有独创性，是今天人们了解和研究古代饮食文化的必读著作。朱彝尊还是著名的藏书家，民间至今还流传着康熙微服南巡时，朱彝尊在嘉兴“袒腹晒书”的故事。

四、以诗“走后门”的才子朱庆餘

朱庆餘，生卒年不详，名可久，以字行，越州（今浙江绍兴）人。唐宝历年间登进士第，官秘书省校书郎。他博学多才，尤长于诗文，在诗人辈出的唐代，其作品以辞意清新、描写细致为时人赞叹。

在唐代，大凡参加进士考试的有一个不成文的做法，即考生用自己的作品先行通过有关得力人士的表扬宣传，从而提高知名度以引起主考官的注意。正在京城赶考的考生朱庆餘跟著名诗人张籍有幸邂逅，两人在交谈后，张籍对朱庆餘的才学很是欣赏，于是让朱庆餘把新近所写的作品加上旧作一起拿来给他，朱庆餘从书囊中搜索出26篇诗文呈给张籍。可是朱庆餘满怀希望地等了好多天就是不见张籍，考期渐近前途未卜，他心里忐忑不安，又不好意思直接去问张籍，于是作《近试上张籍水部》一首，送给张籍。“洞房昨夜停红烛，待晓堂前拜舅姑。妆罢低声问夫婿，画眉深浅入时无。”诗中把自己比作新娘，把张籍比作夫婿，把考官当作舅姑，把自己的诗文比作“画眉”，借此向张籍表露自己的心情。张籍看罢诗，心领神会，也赋诗作为回答：“越女新妆出镜心，子知明艳更沉吟。齐纨未足时人贵，一曲菱歌敌万金。”意思是说，“放心吧，你明明知道自己的文章有多少分量，还担心什么呢？他们都说你的诗文很不错！”于是朱庆餘声名大震，敬宗宝历二年（826年），得到张籍宣传、引荐的朱庆餘果然一举考取了进士。张籍赏识人才的佳话，也流传了下来。朱庆餘的诗个性鲜明，别具一格，后人多给予很高的评价。

五、比肩李清照的才女词人朱淑真

朱淑真，生卒年不详，号幽栖居士，钱塘（今浙江杭州）人。她生于官宦世家，是南宋著名女词人，与李清照齐名。

朱淑真聪明美丽，多才多艺，既工于诗词，又擅长丹青，对音律也十分精通。相传她嫁给一位商人后，婚姻生活很不幸福，对婚姻充满失望和无奈。满怀的愁绪无以诉说，就赋诗填词，以寄托哀怨、孤寂、凄苦的情怀。

朱淑真最后忧郁而死。她的父母十分悲伤，不忍多看女儿呕心沥血写成的诗词，于是把朱淑真的作品付之一炬，保存下来的寥寥无几。存世有《断肠集》《断肠词》。

六、画坛奇才苦瓜和尚朱若极（石涛）

朱若极（1641—约1718年），广西桂林人。年幼时隐蔽为僧，法名原济，号石涛，后世多称其号。又号苦瓜和尚。他与弘仁、髡残、朱耷合称"清初四僧"。石涛是中国绘画史上一位十分重要的人物，他既是绘画实践的探索者、革新者，又是艺术理论家。

他是明太祖长兄朱重四的后裔，第十一代靖江王朱亨嘉之子。朱若极适逢明末乱世，国破家亡，为躲避清兵的追杀，不得不隐姓埋名，出家当了和尚。他居无定所，在流浪漂泊中，用心学习绘画，历经数十年的钻研磨砺，画技日渐成熟，终于形成了自己独特的风格。

石涛的前半生主要是在桂林和湘水间流浪，清顺治末年，应友人之邀，北上京城。途经扬州，借住于天宁寺，画了72幅画，每幅画上一座山峰，72峰形神各具，韵致天成，令士人倾服。自成一派的“扬州八怪”在一定程度上就是受了石涛的影响。此后，石涛继续北上，在京师一带游历了三年。清康熙三十年（1691年）左右，他再次回到扬州，并在这里度过了后半生。这一时期，石涛一边作画，一边与朋友谈艺说禅。还结合自己艺术创作的实践，对绘画技巧进行理论总结，著成《画谱》，声名远播。直到近代，著名画家齐白石、张大千仍受到石涛画风的影响。他一生勤于创作，传世作品很多，代表作有《搜尽奇峰打草稿》《山林乐事图轴》《看梅园图》等。

七、贫贱不移的画家“八大山人”朱耷

朱耷（1626—1705年），江西南昌人。朱耷是朱元璋第十世孙，即朱元璋第十七子宁王朱权的九世孙，其祖父、父亲都擅长书画，因而他从小就受到良好的艺术熏陶。他天资聪颖，勤奋用功，少年时即以才气闻名。明王朝灭亡后，清朝大肆追捕朱明宗室成员，朱耷只好隐居奉新山，落发为僧。后又当道士，住持南昌青云谱道院。在谈禅说佛之余，擅长水墨花鸟，笔简意深；也画山水，意境冷寂，具有独特的韵味。60岁时开始署款“八大山人”，连缀似“哭之”或“笑之”的字样，题诗亦含义隐晦，寄寓亡国之痛。

清廷在消灭明朝残余势力后，为笼络人心，争取汉族文人的支持，开设了博学鸿词科，以吸引汉族士人。当时朱耷已年过半百，为坚持与清王朝不合作的态度，他经常在闹市中装疯卖傻。朱耷的绘画有很高的艺术

境界，他把自己满腔的悲愤都倾注到绘画中，作品表现出动人心魄的艺术感染力。他的威武不能屈、贫贱不能移的气节得到了世人称赞，人们以能得到他的画作为荣，甚至有人动武强迫他作画，但只要是达官贵人，不管对方怎样软硬兼施，他决不作画。他虽然以卖画为生，但视买家而区别对待：平民百姓要价低廉，有时只要给他一条鱼就能换一幅画；富商买画则随便涂鸦应付；官僚权贵索买千金难得。所以朱耷晚年穷困潦倒，康熙四十四年（1705年），朱耷在贫病交加中去世。朱耷在中国绘画史上占有重要地位，他的画对后世郑板桥、吴昌硕、张大千等影响很大。存世作品有《杨柳浴禽图》《水木清华图》《河上花图》等。

八、至死不吃美国“救济粮”的朱自清

说到朱自清，大家就能马上回想起他的散文名篇《背影》，无不为父亲对儿子含蓄的爱而动容。朱自清（1898—1948年），原名自华，号秋实，后改名自清，字佩弦。原籍浙江绍兴，出生于江苏省东海县（今连云港市东海县）。现代杰出的散文家、诗人、学者、民主战士。1916年中学毕业并成功考入北京大学预科。1919年开始发表诗歌。1928年第一本散文集《背影》出版。1932年7月，任清华大学中国文学系主任。著有《欧游杂记》和《伦敦杂记》。

1945年抗战胜利后，国民党政府发动内战，镇压民主运动。1946年，朱自清的好友李公朴、闻一多先后遇害，这令他十分悲愤，参与各界举行的李、闻惨案追悼大会，并报告闻一多生平事迹。1946年10月，在反饥饿、反内战的实际斗争中，他身患重病，签名《抗议美国扶日政策并拒绝

领取美援面粉宣言》，并叮嘱家人不要买配售面粉，始终保持着一个正直的爱国知识分子的气节和情操，在贫病交加中死去，以浩然正气流芳千古。毛泽东对朱自清这种高风亮节给予了高度评价，称他“一身重病，宁可饿死，不领美国救济粮”的骨气，表现了我们民族的英雄气概。

自古朱姓多豪杰，英雄人物看今朝。回望朱姓历史，综览现当代朱姓名人，可谓灿若繁星，数不胜数，有开国元勋朱德，前总理朱镕基，“炮兵之父”朱瑞，美学大师朱光潜，首次翻译莎士比亚的翻译家朱生豪，中国跳高第一人朱建华，现任中国女排主力朱婷等。

朱姓的历史正是由朱姓子孙一步步走出来的。继往思来，朱姓子孙还将也必将不断涌现出无数豪杰才俊、英雄儿女，为中华民族这个大家庭汇聚无穷的力量，增添无限的光彩。

第七章

垂训后世

家风，就是家庭里的风俗、风气、风尚、风范。家风是一个人成长的开端，家风凝练成文字就是家训。

深受春秋时期孔子对儿子孔鲤进行诗礼教育的“庭训”影响，朱熹一生也非常重视家庭教育，他创制了很多与家庭教育有关的家训、家礼、家政等，这些都是历代立身、治家、处世、为学的经验总结和智慧结晶，是中华优秀传统文化的重要组成部分。

朱子一生默默追求“三不朽”：立德、立功、立言。孔颖达疏曰：“立德，谓创制垂法，博施济众；立功，谓拯厄除难，功济于时；立言，谓言得其要，理足可传。”朱子不但创制了朱氏家训、家礼等，还身体力行，率先垂范，真正做到了知行合一。因此，我们更要认真研读，并且内化于心，外化于行。

第一节　家训典范：两部《朱子家训》

一、《朱子家训》：紫阳高照，家训流芳

叶落归根，饮水思源。沿着福建的母亲河闽江溯流而上，进入峰峦叠嶂的武夷山脉，在这片碧水丹山间，保存着一座有“邹鲁渊源”美誉的千年古村——朱熹故居五夫镇，至今在五夫镇紫阳楼正堂还有一块刻有《朱子家训》的屏风，很多朱熹后裔家中挂有《朱子家训》和朱熹“对镜写真”自画像，甚至很多人都能熟练背诵《朱子家训》。朱氏家族历来把《朱子家训》作为待人处事的行为准则，以它为座右铭来教育子孙后代。流传了几百年的《朱子家训》其影响已经不限于朱氏家族，其思想早已融入我们的思维方式和日常生活中，《朱子家训》也正像一座藏有富矿的“金山银山”，等待着我们继续开发、利用。

（一）家训内涵

“子不教，父之过。教不严，师之惰。”家训又称为家诫、家规等，是父祖长辈对子孙后代的训教。所谓诫，是一种口头训诫或劝诫，有时表现为书信，经过长时期的演变和完善，形成了一种成熟的文体——家训。从功能上看，它是中国古代实施家庭教育的重要方法和途径，历代名人志士、文豪学者、社会贤达、世家大族多以家训的形式告诫子弟，教育后代。家训是历代治家的经验总结和智慧结晶，是中国传统文化特别是家风文化的重要组成部分，它对个人的修身、齐家发挥着重要的作用。

据考证，最晚在汉代就已经出现了比较完善的家庭教育方面的著作，如汉高祖《手敕太子》、马援《诫兄子严敦书》、樊宏《诫子言》、郑玄《诫子书》、孔臧《与子琳书》等。而第一部体例完备、以“家训”命名的家庭教育专著当数颜之推的《颜氏家训》。从《颜氏家训》开始，“家训”体例日趋成熟，“家训”之名正式出现，并一直影响到近现代。

家训成熟于隋唐，繁荣于宋代。魏晋南北朝至隋唐是家训著作最为繁盛的时期。仅魏晋南北朝文献可考的至少有八十余篇（部）；宋元明清时代的家训文化繁荣，尤其是世家大族，为维系宗族可持续发展，对家训的制定、增删、沿袭及传承已经形成了一种风气，极大地促进了家训的发展和对家训的研究。宋代的家训已呈现出非常规范和成熟的面貌，表现为内容的面面俱到、思想的深刻厚重与形式的相对稳定。宋代家训文献非常丰富，上自帝王，中及士大夫，下至平民百姓，层次范围之广，无论是在数量还是在内容上较之前代都有了新的突破。这些名家、名臣的家训大多传于后世，对后人的生活起到重要的指导作用。

宋代很多著名的政治家和学者都热衷于著“家训”，影响较大的有范仲淹的《义庄规矩》、司马光的《温公家范》、欧阳修的《欧阳文忠公书示子侄》、苏颂的《魏公谭训》、叶梦得的《石林家训》、吕本中的《童蒙训》、陆游的《放翁家训》、吕祖谦的《家范》、袁采的《袁氏世范》、真德秀的《教子斋规》等，清代出现了一部影响极为广泛的家训著作——朱柏庐的《治家格言》。

家训是中国传统文化的重要组成部分，它以深厚的内涵、独特的艺术形式真实地反映了各个时代的风貌和社会生活，陶冶情操，感化心灵。

（二）两部《朱子家训》

谈起家风家训，《朱子家训》是不得不提的，它流传广泛，影响深远，曾经作为儿童启蒙的教材。《朱子家训》其实有两个版本：一个是南宋朱熹的《朱子家训》，另一个是清代朱柏庐（1617—1698年）的《治家格言》。人们往往更熟悉清代朱柏庐的《治家格言》，而朱熹的《朱子家训》则鲜为人知。由于后来人们把它们都简称为《朱子家训》，因此很多人常把它们混为一谈。其实，二者是既有联系又有明显区别的。

说这两个版本的《朱子家训》有联系，主要是指它们在思想内容和形式上都极为相似，一脉相承，都是以儒家经典的思想为核心，推崇的都是儒家的“仁、义、礼、智、信”，并以此作为指引人们的处世原则和道德准绳。它们都是中华民族宝贵的文化遗产和精神瑰宝。

明末清初出现的《治家格言》的作者是朱用纯，号柏庐。《治家格言》是一篇影响巨大的家训，骈文写成，言简意赅，从修身养性、治家之道到处世为官之要，可谓面面俱到。由于它文字优美，音韵和谐，节奏明快，所以读起来朗朗上口，极易接受。

从内容上看，《治家格言》与朱熹的《朱子家训》是互为羽翼的关系：《治家格言》是《朱子家训》的阐发和延伸，它把《朱子家训》的哲理形象化了。如果把《朱子家训》比作治家理论的“纲”，那么《治家格言》就是在其基础上的发挥与阐述的“目”，正所谓“纲举目张”。

至于区别，主要体现在作者和作品两个方面。

从作者看，朱柏庐自幼致力于读书，曾考取秀才，立志于仕途。清军入关后就不再求取功名，在乡下教书授徒并潜心钻研程朱理学，且著述颇丰。康熙曾多次征召他，均被拒绝；而南宋朱熹是旷世的理学宗师，历史地位仅次于孔子，纵观中国历史，恐无第三人能比，而且朱柏庐深受朱熹思想影响，是朱熹儒家思想的继承者、践行者和发扬者。

从各自的作品看，朱熹的《朱子家训》从慈、孝、友、恭等诸方面对父子、兄弟、夫妻之间等关系做了重要论述，指出每个人在家庭中的责任和应尽的义务，描绘了理想家庭图景。更直接地反映出孔、孟的儒家思想。他要求每个人先修身，齐家，后治国，而后平天下。于是，家训就超越了“家”的范畴，与“国”联系在一起，使之上升到了一个新的层次。

朱柏庐的《治家格言》，重点在“治家”，他从治家的角度说了安全、读书、教育、交友、自省、向善等诸方面的问题。核心就是要教育后代成为一个正大光明、知书明理、生活严谨、宽容善良、理想崇高的人。

（三）《朱子家训》的创作背景

朱熹作为有宋一代著名理学家、文学家和教育家，非常重视儿童教育，一生中编著了许多有影响的蒙书，在家庭教育的研究领域中成果丰硕，编著有《论语训蒙口义》《童蒙须知》等蒙书。在《朱子语类》中也有一卷单独论述儿童教育，其中有许多著名的儿童教育思想，从各个方面向我们展示了朱熹家庭教育的思想和理念。这些著述经过历史的不断淘洗，至今仍具有极大的现实意义和指导作用。

南宋中期，金、蒙南侵，赋税苛重，百姓怨声载道，加之儒家衰弱，封建统治的腐朽，致使纲常破坏，礼教废弛，官场贪风日盛，道德沦丧，人们精神空虚、理想失落，社会动荡不安。为了稳定国家秩序，加强家庭和社会的凝聚力，拯救江山社稷，朱熹以弘扬理学为己任，奉行“格物致知、居敬持志”的教育理念，力主以“存天理、去人欲”为内容的道德修养目标，力求重整伦理纲常、道德规范，重建价值理想、精神家园。《朱子家训》正是在这样的背景下产生的。

朱熹的《朱子家训》也称作《紫阳朱子家训》《朱文公家训》。作为古代家族文化教育的典范，《朱子家训》是朱熹晚年对其长孙朱鉴修身进德的深情嘱咐和殷切期望，它成文于800多年前，见诸《紫阳朱氏宗谱》等典籍中，是浩繁家训中不可多得的典范，被尊为千古“治家之经”，也是朱熹晚年留给后世的一笔宝贵精神财富。对于蒙学读物，《朱子家训》虽简短，但朱熹非常注重质量，严格规范编写标准，不敢丝毫马虎，使这些蒙学读物成为与其深奥的理学著述并行不悖的优秀辅助教材。他在《论语训蒙口义》序言中说到编写该书“本末精粗，大小详略，无或敢偏废也”。

《朱子家训》语言简朴、文句工整、言辞流畅，虽然篇幅短小却富含哲学思辨和道德伦理思想，具有极强的感召力和深厚的人生智慧，可谓字字珠玑，它传承并升华了中华古圣先贤“修身、齐家、治国、平天下”的思想，系统论述了修身立德的治家之道，其理论基础就是由朱熹建立起的程朱理学思想，体现了儒家思想在宋代的新发展，揭示了不同人生角色应遵循的本分：君仁臣忠、父慈子孝、兄友弟恭、夫和妇柔，尊老爱幼、诚信于友，全面阐述了朱熹关于做人的准则——仁、义、礼、智、信，是朱熹治家、做人思想的浓缩，是朱熹关于治家方面的一篇重要著作。

（四）《朱子家训》原文

君之所贵者，仁也。臣之所贵者，忠也。父之所贵者，慈也。子之所贵者，孝也。兄之所贵者，友也。弟之所贵者，恭也。夫之所贵者，和也。妇之所贵者，柔也。事师长贵乎礼也，交朋友贵乎信也。

见老者，敬之；见幼者，爱之。有德者，年虽下于我，我必尊之；不肖者，年虽高于我，我必远之。慎勿谈人之短，切莫矜己之长。仇者以义解之，怨者以直报之，随所遇而安之。人有小过，含容而忍之；人有大过，以理而谕之。勿以善小而不为，勿以恶小而为之。人有恶，则掩之；人有善，则扬之。

处世无私仇，治家无私法。勿损人而利己，勿妒贤而嫉能。勿称忿而报横逆，勿非礼而害物命。见不义之财勿取，遇合理之事则从。诗书不可不读，礼义不可不知。子孙不可不教，僮仆不可不恤。斯文不可不敬，患难不可不扶。守我之分者，礼也；听我之命者，天也。人能如是，天必相之。此乃日用常行之道，若衣服之于身体，饮食之于口腹，不可一日无也，可不慎哉！

——摘自《紫阳朱氏宗谱》

（五）《朱子家训》的影响与启示

《大学》曰：“一家仁，一国兴仁。”清朝的刑部尚书魏象枢也曾说过：“一家之教化，即朝廷之教化也。教化既行，在家则光前裕后，在国则端本澄源。十年之后，清官良吏，君子善人，皆从此中出，将见人才日盛，世世共襄太平矣。”按照中国儒家“家国同构”的理念，家是最小国，国就是最大家。《朱子家训》极力提倡修身、齐家、治国、平天下的统一，强调家齐是国治、天下平的必要前提。

朱熹的《朱子家训》的家庭道德教化内容主要体现在以下几个方面：

一、体现民本思想。开篇即说“君之所贵者，仁也”，把一个君主最主要的任务“仁”，即施仁政、仁爱规定下来，继承了孔孟以来儒家“仁”的思想。

二、强调家庭和睦的重要性。人的教育是从家庭教育开始的，然后才有学校教育、社会教育。人的品德形成更与家庭环境有关。

三、强调父母要疼爱子女，对子女千万不可溺爱和放纵，要加强对孩子的管教，所以朱熹指出“子孙不可不教”。强调子女要善待父母，奉养父母，尊重父母，报答父母。同时子女要杜绝不孝的事情发生。强调“夫和妇柔”是夫妻相爱的关键。强调“兄友弟恭”是兄弟姐妹之间团结的根基。朱熹从不同角度解析：要做到长幼尊卑有序，不能乱了纲常。要求“见老者，敬之；见幼者，爱之。有德者，年虽下于我，我必尊之；不肖者，年虽高于我，我必远之”。

四、告诫后人“人际和谐”“重德修身”的处世之道、交友之道。朱熹告诫后人要加强道德修养，要宽以待人。对于是非善恶，朱子有他自己的处世原则，既要容忍他人的小过错，对于他人的大过错，也要晓之以理、动之以情。

朱熹对父母的孝和对妻子的爱可谓感人至深。在交友上，无论是志同道合的同人，还是水火不相容的论敌，只要是有德者，他都能视为知己。朱熹一生淡泊名利，安守清贫，从不妄取不义之财。他长期生活在民众之中，深知百姓疾苦，从小心中就蕴藏着济世恤民的思想。

家庭是社会的细胞，社会的和谐离不开家庭的和谐。《朱子家训》指出家庭教育更多的是一种言传身教，其思想精髓在现今仍有很强的现实意义。

二、《治家格言》：律己修身　垂训后世

（一）朱柏庐：攀柏庐墓，孝义第一

朱柏庐，原名朱用纯，字致一，号柏庐，江南昆山（今属江苏）人，著名理学家、教育家。他出身于江南的一个书香世家，自幼致力于读书，曾考取秀才，立志出仕。清顺治二年（1645年），其父亲朱集璜在守昆山城抵御清军时英勇杀敌，昆山城被攻破后，投水自杀殉国。年轻的朱用纯上侍奉母亲，下抚育弟妹。他们举家辗转流离，极其艰辛，待局势稍微稳定，才返回故里。

朱柏庐因敬仰晋人王裒在父亲墓前搭草庐而居、攀柏树悲号之义，自号“柏庐”。在《清史稿》和《孝义篇》中，朱柏庐都无一例外被列为清

代“孝义第一”。

清军入关后，朱柏庐没再参加科举考试，终身淡泊功名，彻底断了登科仕进的想法。从此他一心居乡教书，潜心研究程朱理学，主张知行合一，躬行实践，一时颇负盛名，此时的他还不到20岁。朱柏庐还认真研读朱熹著作，尤其是收录在《紫阳朱氏宗谱》中有关家训的文章。他仔细揣摩朱熹的修身齐家思想，总结前人的生活经验和教训，并联系自己的感受体会，终于编写出《治家格言》。

朱柏庐深切地意识到，当时的教育方法很落后，学生难以学到真正的学问，于是就撰写了《辍讲语》来自我反省，书中的言语非常深刻痛切。他还曾用楷书手写了数十本教材用于教学。康熙曾多次征召朱柏庐，均被他婉言拒绝，后来又多次拒绝地方官的举荐，因此他与徐枋、杨无咎号称为“吴中三高士”。

晚年的朱柏庐不再教书，而是笔耕不辍、勤于著述，除了《治家格言》，还著有《愧讷集》《四书讲义》《删补易经蒙引》《春秋五传酌解》等，可谓著述等身。

朱柏庐还是一位杰出的教育家，一生教书兴学，桃李满天下，其中学问卓著的学生就多达40余人。他在临终前嘱咐弟子：“学问在性命，事业在忠孝。”1720年，在朱柏庐去世22周年之际，人们为了表达深切的缅怀之情，将他请入了家乡昆山纪念顾炎武和归有光的祠堂，命名为“三贤祠”。

（二）《治家格言》：治家经典，百世流芳

《治家格言》是一篇以家庭道德为主的家教启蒙名著，精练地阐明了

修身治家之道，许多内容继承了中国传统文化的精华，如尊敬师长、勤俭持家、邻里和睦等，在今天仍然有现实意义。

《治家格言》文字通俗易懂，内容言简意赅，对仗工整，朗朗上口，从问世以来，已经成为家喻户晓、脍炙人口的教子治家的经典家训。其中一些警句如“一粥一饭，当思来处不易；半丝半缕，恒念物力维艰”“宜未雨而绸缪，毋临渴而掘井”等在今天仍然具有重要的教育意义。

《治家格言》以“修身”“齐家”为宗旨，集儒家做人处世方法之大成，思想植根深厚，含义博大精深。通篇意在劝人要勤俭持家、安分守己，把中国几千年形成的道德教育思想，以名言警句的形式表达出来，可以口头传训，也可以写成对联、条幅挂在大门、厅堂和居室，作为治理家庭和教育子女的座右铭，因此，历来为官宦、士绅和书香门第所津津乐道。《治家格言》自问世以来流传甚广，被历代士大夫尊为“治家之经”，清至民国年间一度成为童蒙必读课本之一。

那么，这一部《治家格言》到底有着怎样的魅力呢？从本质上来看，《治家格言》传承和体现了中华民族传统的道德文化，经过作者提炼和加工，更加通俗化、具体化。它体现了我们先人尚文崇德的优良传统，涵盖了劝勤勉学、励志自强、谦和体恤、明理向善、本分守常、修身累德等个人品德的诸多方面，朴素又凝练地体现了中国优秀传统文化对修身立世的要求，自然就成为人们治家教子、整饬门风的格言警句。

因为一部《治家格言》，教书先生朱柏庐也被后人尊称为“朱子”，这是中国古代读书人至高的地位和荣誉。朱柏庐只不过为了在清贫的生活中传承家风、教育学童，写了些自己平时为人处世的经验和准则，没想到这短短五百余字会成为修身齐家的范本而垂训万世，这就是中华传统文化中所蕴藏着的道德力量。

（三）《治家格言》原文

黎明即起，洒扫庭除，要内外整洁；既昏便息，关锁门户，必亲自检点。

一粥一饭，当思来处不易；半丝半缕，恒念物力维艰。

宜未雨而绸缪，毋临渴而掘井。

自奉必须俭约，宴客切勿流连。

器具质而洁，瓦缶胜金玉；饮食约而精，园蔬逾珍馐（一作：园蔬胜珍馐）。

勿营华屋，勿谋良田，三姑六婆，实淫盗之媒；婢美妾娇，非闺房之福。童仆勿用俊美，妻妾切忌艳妆。

祖宗虽远，祭祀不可不诚；子孙虽愚，经书不可不读。

居身务期质朴，教子要有义方。

勿贪意外之财，勿饮过量之酒。

与肩挑贸易，毋占便宜；见贫苦亲邻，须多温恤。

刻薄成家，理无久享；伦常乖舛，立见消亡。

兄弟叔侄，须分多润寡；长幼内外，宜法肃辞严。

听妇言，乖骨肉，岂是丈夫？重资财，薄父母，不成人子。

嫁女择佳婿，毋索重聘；娶媳求淑女，勿计厚奁。

见富贵而生谄容者，最可耻；遇贫穷而作骄态者，贱莫甚。

居家戒争讼，讼则终凶；处世戒多言，言多必失。

毋恃势力而凌逼孤寡；毋贪口腹而恣杀生禽。

乖僻自是，悔误必多；颓惰自甘，家道难成。

狎昵恶少，久必受其累；屈志老成，急则可相依。

轻听发言，安知非人之谮诉，当忍耐三思；因事相争，焉知非我之不是，须平心暗想。

施惠勿念，受恩莫忘。

凡事当留余地，得意不宜再往。

人有喜庆，不可生妒忌心；人有祸患，不可生喜幸心。

善欲人见，不是真善；恶恐人知，便是大恶。

见色而起淫心，报在妻女；匿怨而用暗箭，祸延子孙。

家门和顺，虽饔飧不继，亦有余欢；国课早完，即囊橐无余，自得至乐。

读书志在圣贤，非徒科第；为官心存君国，岂计身家。

守分安命，顺时听天；为人若此，庶乎近焉。

（四）《治家格言》的影响

《治家格言》问世后，便得到有识之士的一致赞许和高度评价，人们纷纷争相传抄，从清代到民国年间一直是必读的儿童启蒙读物。朱柏庐去世后，全国各地相继将此文梓刻成书，各种家训选本也全都收录此篇，书法家将其写成字帖，使之广为流传、家喻户晓。朱柏庐的弟子顾易曾为其作注，有《治家格言演证》四卷。此家训诞生地江苏昆山及其周围苏、杭、常等地更有人将其编成词曲歌谣，到处传唱。

（五）《治家格言》的启示

《治家格言》以“修身齐家”为宗旨，讲求道德修养，有利于弘扬中国古代优良的道德传统。《治家格言》教育后人要勤俭节约，节制自己的欲望，讲求实用，不追求华而不实的形式主义；教育后人养成良好的道德素养；教育后人要为人谦和，待人接物、与人交谈不能过分刻薄；教育后人平等地对待每一个人，不恃强凌弱；教育后人要胸怀天下，热爱国家。它大力提倡教育而且强调教育要有一定的方法，要以正道教育子女，强调读书不是单纯为做官，而是为了对国家的发展做出自己的贡献。提倡父慈子孝，兄友弟恭，亲睦家齐。寥寥数笔将对后人的教诲阐述得淋漓尽致。

家是最小国，国是千万家。家庭的文明进步关系到整个社会文明程度的提高。家风正，则民风淳；家风正，则政风清。只有“家和”，才能“万事兴”，才能“治国、平天下”。

第二节 家教名篇：润泽万世

我国自古以来就有注重家庭教育的传统，留下了许多家训、家范以及治家格言和其他一些教子诗文。朱熹作为我国封建社会历史上“致广大、尽精微、综罗百代”的伟大哲学家、思想家、教育家，他的家庭教育思想是一份不可多得的宝贵历史遗产，主要的家庭教育著述除了《朱子家训》，还有《朱子家礼》《朱子家政》《童蒙须知》《小学》《白鹿洞书院揭示》等。

淳熙三年（1176年）春天，朱熹又回到出生地尤溪，再次来到郑氏馆舍，受主人邀请，题写了“读书起家之本，勤俭治家之本，和顺持家之本，循理保家之本”。这被后人称为朱熹的四个“之本”，是后来《朱子家训》的雏形，也是朱熹治家思想和方法的最初表达。

一、《朱子家礼》：遵循礼制家风淳

“礼为教之本。”儒家最重视的就是礼，礼是处理人与社会、人与人之间关系的道德标准，同时也是社会行为的法则、规范。礼的实践，就应该体现在一个人能否践行忠、孝、仁、义等方面。

如果说朱熹的《四书章句集注》主要影响的是知识分子，那么《朱子家礼》则对民间影响巨大，可以说《朱子家礼》是自南宋以来影响最为广泛的一部礼学著作。朱熹十分注重教化的工作，向皇上述帝王之学，与官僚论恤民之道，和士人谈为学之方，对百姓示礼仪之教。朱熹十分推崇《礼记·大学》，他说“欲治其国，先齐其家”，认为治家是治国的基础，因此他着力发展儒学，继承古代家庭“德教为本”的传统，十分重视家庭的伦理教化。他对启蒙教育极为重视，也非常用心，有关这方面的著述不下十种，《朱子家礼》就是他为教子而编纂的，是其治家思想的代表著作。

（一）《朱子家礼》源流

自古以来，华夏文明就十分看重家族治理，借以施行礼义教化。与“家礼”相随的“齐家”成为中国文化史上头等大事。朱熹提倡家族生活并以相应的方式参与家族治理。宋代儒家为后人留下了极为丰厚的思想文化遗产：各地陆续出现了很多义庄、乡约、社仓等组织，以及家训、家范、家礼等具有规范意义的家族文献，力求通过以“齐家”为核心与基础的文化性制度设计，努力实现基层社会的良好治理。这就是朱子在南宋撰写《朱子家礼》的基本历史背景。

《朱子家礼》等出现以后，借着科举、学校及书院等形成的教育与学术网络迅速地传播开来，至明清两代，朝廷除官刻《朱子家礼》外，甚至还以《朱子家礼》为范本，制定颁布通行天下的基本礼数。直到今天，各地农村婚丧嫁娶的传统礼俗中还有《朱子家礼》的影子或痕迹。由于历时久远、影响很大，《朱子家礼》的版本也相对复杂。

（二）《朱子家礼》的内容

据传是朱子把传统《朱子家训》中有关“礼”的部分抽出，编成《朱子家礼》一书，因此《朱子家训》也可以看作《朱子家礼》的总纲。《朱子家礼》共分为五卷，分别为通礼、冠礼、婚礼、丧礼和祭礼。五卷内容主次分明，细致周详。通过对仪节合理有序的安排，朱熹把《大学》中“诚正修齐”的崇高理念，逐步落实在具体的日常生活中。贯穿的基本精神则是《论语》所讲的“孝悌”二字。从血亲互爱相濡以沫的“家”开始，经由“老吾老以及人之老，幼吾幼以及人之幼”的实践路径，“孝悌”与“仁义”的惠及范围层层拓展，并最终指向“天下”。

《朱子家礼》将古代最流行的冠、婚、丧、祭四种礼仪用简短的篇幅讲得非常清楚详尽，简明易行，许多家范在谈到家礼时或参照这部《朱子家礼》，或在它的基础之上增删而成。如明末清初陈确的《丛桂堂家约》冠礼中注明“如可举行，略依《家礼》为之”。朱熹在“齐家”方面所取得的文化成就，泽被后世。

（三）《朱子家礼》的启示

《朱子家礼》是朱子参考古代礼制的规定，结合南宋时代的生活实际所确定下来并予以推广的一套日常礼仪规范，后世因而称其为“朱子家礼”，但并不是说这些礼仪规范的使用范围仅仅限于朱氏家人及其子孙后代，《朱子家礼》在后世的使用范围远远地超出了朱氏家人及其子孙后代，影响极为深远。

1.严慈并济

宋代以来有“义庄”等大家族聚居形式，在宗法制度上对于众多族人更需要下大力气来管理，因此，家训、族规、家法等成为家长、族长等人严格管理子孙的重要途径之一。在大家族的管理中，我国一直有严格管理与慈爱养护的教育传统，朱熹的家庭教育思想中也一直秉持这一严慈并济的传统，同时《朱子家礼》突出父亲的权威，认为“号令出于一人，家政始可得而治矣”。

2.谆谆教导

《朱子家礼》重视子女教育，在教育内容上男女有严格的区分，又森严男女大防，女子受到诸多限制。它规定“男治外事，女治内事。男子昼无故不处私室，妇人无故不窥中门……妇人有故出中门，必拥蔽其面”。以上这些思想虽非朱熹首创，但被其发展为治家要诀而广为流传。

3.节俭持家

《朱子家礼》一书是朱熹实践其“礼下庶人”思想、规范日常生活礼仪的代表性著作。宋代商品经济繁盛，但是也带来了婚丧嫁娶等日常生活中重利和奢侈的社会风气。《朱子家礼》针对性地指出禁奢从礼的重要性，反对社会上流行的奢侈僭越行为，并强调其对世道人心的危害。朱熹在《朱子家礼》中反复强调应该按照家庭的经济情况来执行礼法。这些在民间成为广泛遵守的原则。

二、《朱子家政》：族规家法代代传

训以治家，训以育人，训以养德。朱熹重视家风家教、族规家法。《朱子家政》就是朱熹将格物致知、正心诚意、修身治家、治国平天下具体化、平民化、普及化的最好表现，他明确了个人在家庭、社会中的地位和应尽的责任和义务，对朱氏家教家风的影响深远。

（一）原文

有公家之政，有私家之政。士君子修一家之政，非求富益之也，种德而已尔，积善而已尔。父子欲其孝慈，兄弟欲其友恭，夫妇欲其敬顺，宗族欲其和睦；门阑欲其清白，帏薄欲其洁修；男子欲其知书，女子欲其习业；姻娅欲其择偶，婚嫁欲其及时；祭祀欲其丰洁，用度欲其俭节；坟墓欲其有守，乡井欲其重迁，先业欲其不坏；农桑欲其知务，赋税欲其及期；私负欲其知偿，私恩欲其知报，私怨欲其不逞，私忿欲其不蓄；亲戚欲其往来，宾客欲其延接，里閈欲其相欢，故旧欲其相亲，交游欲其必择，行止欲其必谨；事上欲其无谄，待下欲其无傲；公门欲其无扰，讼庭欲其勿临，非法欲其勿为，危事欲其勿与；官长欲其必敬，桑梓欲其必恭；有无欲其相通，凶荒欲其相济，患难欲其相恤，疾病欲其相扶，丧葬欲其相哀，喜忧欲其相贺；临财欲其勿苟，见利欲其勿争；交易欲其廉平，施与欲其均一；吉凶欲其知变，忧乐欲其知持；内外欲其相谐，忿恚欲其含忍；过恶欲其隐讳，嫌疑欲其知避，丑秽欲其不谭；奴婢欲其整齐，出纳欲其明白；戏玩欲其有节，饮酒欲其不乱；服饰欲其无侈，器用欲其无华；庐舍欲其葺修，庭宇欲其洒扫；文籍欲其勿毁，门壁欲其勿污；鞭笞欲其勿苛，赏罚欲其必当。如是而行之，则家政修明，内外无怨，上下降祥，子孙吉昌。移之于官，则一官之政修。移之于国与天下，则一国与天下之政理。呜呼，有官君子其可不修一家之政乎？家政不修，其可语国与天下之事乎？

（二）译文

公共事务有公共管理准则，个人家庭有各家行为守则。品行高尚的人注重家庭事务的治理，不图扩张财富，为的是行善积德。治家的关键在于：关爱子女，孝顺长辈；友爱弟妹，恭敬兄长；夫妻要相敬如宾；宗族要和睦相处；家风要清白坦荡；生活作风要正派纯洁；儿女要刻苦学习；婚姻要慎重择偶；生活要勤俭节约；要常怀乡土之情，爱国爱乡；要传承先人遗产；要掌握农业常识；要按时纳税；要讲究诚信，知恩图报；要以大局为重，不计个人恩怨；亲戚之间要保持友好往来，对待客人、朋友、邻里乡亲要热情、相亲相爱；交结朋友要选择志向高远的人，一举一动都要小心谨慎；对待上级领导不可阿谀奉承，对待下属人员不能傲慢无礼；要杜绝违法乱纪行为，免遭诉讼纠纷；要远离危险，保障生命财产安全；要尊重领导，团结同事，妥善处理人际关系，营造融洽氛围；人情往来上要互通有无，一旦出现饥荒、危难、疾病等天灾人祸，一定要相互接济、相互体恤、相互帮助，一方有难，八方支援；他人家中发生丧葬事故时，应致以同情慰问；他人有喜事降临时，应表示真诚祝贺；君子爱财，要取之有道，不能见利忘义，见好处就上；商品交易要公道合理，待人处事要公平公正；要懂得趋吉避凶的道理，善于控制自己的喜怒哀乐；家中内外都要保持融洽和谐，生气的时候要忍辱负重，做到心平气和；不要妄加评论他人是非对错，更不要污言秽语说三道四；在生活方面要有节制，不要沉迷玩乐，不要酗酒贪杯，不要追求衣着服饰华丽，不要贪慕器用奢华；要修葺整洁房屋，经常打扫庭院；要爱护课本书籍，保持门窗墙壁整洁；批评教育不宜求全责备，而赏罚必须分明得当。倘若都按以上要求做到了，那么家庭事务自然是治理严明，大家都毫无怨言，一片祥和，子孙后代自然发达。如果换作一个地方官员这样去管理事务，就将政令畅通、造福一方。如果这种情况换在一个国家或全世界，整个国家或全世界的公共事务治理都将顺畅。哪有品德高尚的人不注重家庭事务的治理啊？家庭事务都治理不好，难道还有资格谈论国家大事、天下大事吗？

三、《童蒙须知》：蒙以养正少天成

朱熹非常重视儿童教育，一生中编著了许多有影响的蒙学著作。朱熹的蒙学著作有近十种，他对传统蒙学教育的影响最大。他把《朱子家训》中具体的行为规范抽出，另编了一部《童蒙须知》，又名《训学斋规》，用以规范儿童的日常生活。程端蒙、董铢的《程董二先生学则》在内容上对《童蒙须知》借鉴颇多，《童蒙须知》在中国思想文化史上具有继往开来的意义。

（一）《童蒙须知》题解

朱熹在长期的教学生涯中继承了孔子“少时若天性，习惯成自然”的教育理念，根据儿童教育的发展规律，提出“习与智长，化与心成”的著名观点，认为在教育上必须从蒙童幼年就开始培养，在这一过程中，注意“讲”（道德灌输）、“习”（道德实践、习惯培养）、“化”（熏陶变化）三个层面。朱熹认为德育应伴随儿童身心发育而进行，通过点滴灌输、反复实践，使道德认识向道德行为转化，不自觉的道德行为向自觉的道德行为转化，最终达到自然而然变化的目的。

儿童天性好动。为了使他们知书达理，养成良好行为习惯，朱熹特意为儿童制定了一个详细的行为准则——《童蒙须知》，希望通过全面规范化的训练，培养儿童良好的行为习惯和道德观念，真正达到“习与智长，化与心成”的目的。

朱熹认为小学阶段是人形成行为习惯的重要时期。日常的饮食穿衣、举止言行都是教育的内容。这些行为习惯是日后穷理接物、研究高深学问的基础。全书从衣服冠履、言语步趋、洒扫涓洁、读书写文字、杂细事宜五个方面制定了儿童的日常行为准则，它贴近儿童生活实际，着眼小事，以就大理，境界宏阔，学养深厚。由于《童蒙须知》里的许多内容出自《礼记》，而古礼又难以操作，于是朱熹便选取了许多与当时生活贴近的内容，使得每一条要求都明确具体，并容易理解和实践。

（二）《童蒙须知》原文

夫童蒙之学，始于衣服冠履，次及言语步趋，次及洒扫涓洁，次及读书写文字，及有杂细事宜，皆所当知。今逐目条列，名曰《童蒙须知》。若其修身、治心、事亲、接物，与夫穷理尽性之要，自有圣贤典训，昭然可考。当次第晓达，兹不复详著云。

衣服冠履第一

大抵为人，先要身体端整。自冠巾、衣服、鞋袜皆须收拾爱护，常令洁净整齐。我先人常训子弟云："男子有三紧。谓头紧、腰紧、脚紧。"头，谓头巾。未冠者，总髻。腰，谓以条或带，束腰。脚，谓鞋袜。此三者，要紧束，不可宽慢。宽慢则身体放肆，不端严，为人所轻贱矣。

凡著衣服，必先提整衿领，结两衽纽带，不可令有阙落。饮食照管，勿令污坏；行路看顾，勿令泥渍。

凡脱衣服，必齐整折叠箱箧中。勿散乱顿放，则不为尘埃杂秽所污，仍易于寻取，不致散失。著衣既久，则不免垢腻，须要勤勤洗浣。破绽，则补缀之，尽补缀无害，只要完洁。

凡盥面，必以巾帨遮护衣领，卷束两袖，勿令有所湿。凡就劳役，必去上笼衣服，只著短便，爱护勿使损污。凡日中所著衣服，夜卧必更，则不藏蚤虱，不即敝坏。苟能如此，则不但威仪可法，又可不费衣服。晏子一狐裘三十年，虽意在以俭化俗，亦其爱惜有道也。此最饬身之要，毋忽。

言语步趋第二

凡为人子弟，须是常低声下气，语言详缓，不可高言喧哄，浮言戏笑。父兄长上有所教督，但当低首听受，不可妄大议论。长上检责，或有过误，不可便自分解，姑且隐默，久却徐徐细意条陈云，此事恐是如此，向者当是偶尔遗忘。或曰：当是偶而思省未至。若尔，则无伤忤，事理自明。至于朋友分上，亦当如此。

凡闻人所为不善，下至婢仆违过，宜且包藏，不应便尔声言，当相告语，使其知改。

凡行步趋跄，须是端正，不可疾走跳踯。若父母长上有所唤召，却当疾走而前，不可舒缓。

洒扫涓洁第三

凡为人子弟，当洒扫居处之地，拂拭几案，当令洁净。文字笔砚，凡百器用，皆当严肃整齐，顿放有常处。取用既毕，复置元所。父兄长上坐起处，文字纸札之属，或有散乱，当加意整齐，不可辄自取用；凡借人文字，皆置簿抄录主名，及时取还。窗壁、几案、文字间，不可书字。前辈云：坏笔污墨，瘝子弟职。书几书砚，自黥其面。此为最不雅洁，切宜深戒。

读书写文字第四

凡读书，须整顿几案，令洁净端正。将书册整齐顿放，正身体对书册，详缓看字，仔细分明。读之，须要读得字字响亮，不可误一字，不可少一字，不可多一字，不可倒一字，不可牵强暗记。只是要多诵遍数，自然上口，久远不忘。古人云：“读书千遍，其义自见。”谓熟读，则不待解说，自晓其义也。余尝谓读书有三到：谓心到、眼到、口到，心不在此，则眼不看仔细。心眼既不专一，却只漫浪诵读，决不能记。记亦不能久也。三到之法（一作“中”），心到最急，心既到矣，眼口岂不到乎？

凡书册，须要爱护，不可损污绉折。济阳江禄，书读未完，虽有急速，必待掩束整齐，然后起。此最为可法。

凡写文字，须高执墨锭，端正研磨，勿使墨汁污手。高执笔，双钩端楷书字，不得令手指着毫。

凡写字，未问写得工拙如何，且要一笔一画，严正分明，不可潦草。凡写文字，须要仔细看本，不可差讹。

杂细事宜第五

凡子弟须要早起晏眠。凡喧哄斗争之处，不可近。无益之事，不可为。凡饮食，有则食之，无则不可思索。但粥饭充饥不可阙。凡向火，勿迫近火旁，不惟举止不佳，且防焚爇衣服。凡相揖，必折腰。凡对父母长上朋友，必称名。凡称呼长上，不可以字，必云某丈。如弟行者，则云某姓某丈。凡出外及归，必于长上前作揖。虽暂出亦然。凡饮食于长上之前，必轻嚼缓咽，不可闻饮食之声。凡饮食之物，勿争较多少美恶。凡侍长者之侧，必正立拱手。有所问，则必诚实对，言不可妄。凡开门揭帘，须徐徐轻手，不可令震惊声响。凡众坐，必敛身，勿广占坐席。凡侍长上出行，必居路之右，住必居左。凡饮酒，不可令至醉。凡如厕，必去上衣。下必盥手。凡夜行，必以灯烛，无烛则止。凡待婢仆，必端严，勿得与之嬉笑。执器皿，必端严，惟恐有失。凡危险不可近。凡道路遇长者，必正立拱手，疾趋而揖。凡夜卧，必用枕，勿以寝衣覆首。凡饮食，举匙必置箸，举箸必置匙。食已，则置匙箸于案。

杂细事宜，品目甚多。姑举其略。然大概具矣。凡此五篇，若能遵守不违，自不失为谨愿之士，必又能读圣贤之书，恢大此心，进德修业，入于大贤君子之域，无不可者。汝曹宜勉之。

《童蒙须知》内容全面，内涵丰富，历史底蕴深厚，实用性强，影响深远。清代李毓秀的《弟子规》就借鉴了《童蒙须知》不少有益的内容，特别是谈到读书方法时，更是几乎原文照搬，如“读书法，有三到。心眼口，信皆要”，提出“居敬持志是读书之本，循序致精为读书之法”。

身教胜于言教，孔子就曾说过：“君子，不重则不威，学则不固。”意思是说，君子如果仪表不庄重就没有威严，所学的东西也就不会牢固。朱子继承并践行了孔子思想，他在长期讲学、读书养性的生活里，严于律己，持敬克己，始终注重修养和仪表。

学生黄榦在《朱子行状》中说，朱熹终日俨然，端坐一室，晚睡早起，连走路都是整步徐行，“其色庄，其言厉，其行舒而恭，其坐端而直”，事事都表现出整齐严肃的态度，生活近乎刻板。朱熹在为自己的画像作的《写照铭》里是这样形容自己的：

端尔躬，肃尔容。检于外，一其中。

力于始，遂其终。操有要，保无穷。

说自己立身端正，表情严肃，于外应事能随时检点自己，心中常存天理。功夫从心地做起，却能贯彻始终，一直保持做人应有的操守，永不改变。这实际上是朱熹言行举止的形象描写。朱熹还根据孔子说的“克己复礼为仁”提出“克己”之说，并把居家书斋命名为“克斋”，终其一生成功的秘诀就在于锲而不舍地战胜自己。

四、《小学》：嘉言懿行人之初

（一）《小学》成书缘起

朱熹继承孔子“有教无类”的思想，主张人人都要接受教育。他认为要扩大教育面，就要改革教学内容。因此，朱熹按照人的年龄、心理和理解能力，把教学内容分为“小学”和“大学”两部分：小学主要是“学其事”，大学主要是“穷其理”。为了适应“小学”教育，朱熹曾说“后生初学，且看《小学》书，那个是做人的样子”。《小学》是朱熹与其弟子刘清之合编的，书的发凡起例出于朱熹，而类次编定则出于弟子刘清之。《小学》也是被注释疏解得最多的传统蒙学著作，有人统计在明弘治时期有七十余家注解《小学》的，到清末竟有百余家，并且有关蒙学理论的探讨也都是围绕这部《小学》展开的。之所以如此，并不完全是因为朱熹声名远播，还因为它是以往蒙学教育及教材的集成。

《小学》广泛地从经传史籍以及其他论著中采集有关忠君、事长、守节、治家等内容的格言、训诫诗、故事等，汇集历代圣贤嘉言懿行编成。《小学》全书六卷，分内外篇，内篇有主教、明伦、敬身、稽古，外篇则有嘉言、善行，其下又各有分合。

《小学》不仅名重当世，而且在其身后被历代朝廷、士人推崇。元代理学家许衡在给儿子的信中说：“《小学》《四书》，吾敬信如神明……汝当继我长处，笃而好之也。”《小学》在明朝传入朝鲜，并被指定为朝鲜学校的基本教材，影响深远。

（二）《小学》节选

1.《小学》序

古者《小学》，教人以洒扫，应对，进退之节；爱亲，敬长，隆师，亲友之道。皆所以为修身，齐家，治国，平天下之本。而必使其讲而习之于幼稚之时，欲其习与智长，化与心成，而无扞格不胜之患也。今其全书虽不可见，而杂出于传记者亦多。读者往往直以古今异宜，而莫之行。殊不知，其无古今之异者，固未始不可行也。今颇搜辑，以为此书，授之童蒙资其讲习，庶几有补于风化之万一云尔。

淳熙丁未，三月朔旦，晦庵题。

2.《小学·嘉言》节选

横渠张先生曰：教小儿，先要安详恭敬。今世学不讲，男女从幼，便骄惰坏了，到长益凶狠，只为未尝为子弟之事。则于其亲，已有物我，不肯屈下，病根常在，又随所居而长，至死只依旧。为子弟，则不能安洒扫应对；接朋友，则不能下朋友；有官长，则不能下官长。为宰相，则不能天下之贤，甚则至于徇私意，义理都丧，也只为病根不去，随所居所接而长。

杨文公家训曰：童稚之学，不止记诵。养其良知良能，当以先入之言为主。日记故事，不拘今古，必先以孝悌忠信、礼义廉耻等事，如黄香扇枕、陆绩怀橘、叔敖阴德、子路负米之类。只如俗说，便晓此道理，久久成熟，德性若自然矣。

明道程先生曰：忧子弟之轻俊者，只数以经学念书，不得令作文字。子弟凡百玩好，皆夺志。至于书札，于儒者事最近，然一向好著，亦自丧志。

伊川程先生曰：教人未见意趣，必不乐学。且教之歌舞，如古诗三百篇，皆古人作之，如《关雎》之类，正家之始，故用之乡人，用之邦国，日使人闻之。此等诗，其言简奥，今人未易晓。别欲作诗，略言教童子洒扫应对事长之节，令朝夕歌之，似当有助。

陈忠肃公曰：幼学之士，先要分别人品之上下。何者是圣贤所为之事，何者是下愚所为之事，向善背恶，去彼取此，此幼学所当先也。颜子、孟子，亚圣也，学之虽未至，亦可为贤人，今学者若能知此，则颜孟之事，我亦可学。言温而气和，则颜子之不迁，渐可学矣；过而能悔，又不惮改，则颜子之不贰，渐可学矣。知埋鬻之戏，不如俎豆；念慈母之爱，至于三迁。自幼至老，不厌不改，终始一意，则我之不动心，亦可如孟子矣。若夫立志不高，则其学皆常人之事，语及颜孟，则不敢当也。其心必曰，我为孩童，岂敢学颜孟哉？此人不可以语上矣。先生长者，见其卑下，岂肯与之语哉？先生长者，不肯与之语，则其所与语，皆下等人也；言不忠信，下等人也。行不笃敬，下等人也；过而不知悔，下等人也；悔而不知改，下等人也；闻下等之语，为下等之事，譬如坐于房舍之中，四面皆墙壁也，虽欲开明，不可得矣。

马援兄子严、敦，并喜讥议，而通轻侠客。援在交趾，还书诫之曰：吾欲汝曹闻人过失，如闻父母之名，耳可得闻，口不可得言也。好议论别人长短，妄是非正法，此吾所大恶也，宁死不愿闻子孙有此行也。龙伯高敦厚周慎，口无择言，谦约节俭，廉公有威，吾爱之重之，愿汝曹效也。杜季良豪侠好义，忧人之忧，乐人之乐，清浊无所失，父丧致客，数郡毕至，吾爱之重之，不愿汝曹效也。效伯高不得，犹为谨敕之士，所谓刻鹄不成尚类鹜者也；效季良不得，陷为天下轻薄子，所谓画虎不成反类狗者也。

汉昭烈将终，敕后主曰：勿以恶小而为之，勿以善小而不为。

诸葛武侯戒子书曰：君子之行，静以修身，俭以养德，非淡泊无以明志，非宁静无以致远。夫学须静也，才须学也，非学无以广才，非静无以成学，淫慢则不能励精，险躁则不能治性。年与时驰，意与岁去，遂成枯落，悲守穷庐，将复何及！

五、《白鹿洞书院揭示》：海内书院第一规

“呦呦鹿鸣，食野之苹。我有嘉宾，鼓瑟吹笙。”荒凉许久的白鹿洞书院终于迎来了让它“重生”的重量级嘉宾——朱熹。南宋孝宗淳熙六年（1179年），著名的理学家朱熹被任命为南康军太守，三月到任，十月即令重修白鹿洞书院。书院修复后，他还为书院订立了《白鹿洞书院揭示》（也称《白鹿洞书院教条》《白鹿洞书院学规》），它既是朱熹教育方针和培养目标的反映，也是儒家道德修养基本原则和方法的集中体现。

（一）白鹿洞书院缘起

书院是我国古代传播文化、交流学术、培养士子的场所。北宋初年著名的书院有白鹿洞书院、应天书院、岳麓书院、嵩阳书院，合称北宋“四大书院”；南宋时期书院更是遍及全国，达到了三百多座，其中以朱熹修

复和扩建的白鹿洞书院（1180年）和岳麓书院（1194年）、吕祖谦主持的丽泽书院、陆九渊主持的象山书院最为有名，合称南宋“四大书院”。朱熹亲手创办的四所书院是白鹿洞书院、晦庵精舍、武夷精舍和沧州精舍（后改名“考亭书院”）。

书院本来都是民办学馆，后经宋代朝廷敕额、赐田、委官，往往演化成半民半官性质的地方学校。书院的主持者称山长、洞主或山主。书院设有学规，聘请学者讲学，学生分斋读书，书院供给宿舍和饮食，采用积分制考核成绩。

自唐至清，江西设立的书院最多，居全国之首。而“海内书院第一”的白鹿洞书院，则是我国历史上第一所完备的书院。白鹿洞书院位于现在江西九江的庐山东北玉屏山南，虎溪岩背后，在庐山五老峰东南的一个山丘环抱的河谷小盆地中，那里树木葱郁，风景秀丽。白鹿洞书院在唐代时原为李渤兄弟隐居读书处。李渤养有一只白鹿，终日相随，故人称白鹿先生。后来李渤就任江州（今江西九江）刺史，旧地重游，在这里修建亭台楼阁，疏引山泉，种植花木，于是这里成为一处游览胜地。由于这里山峰回合，形如一洞，故取名为白鹿洞。从唐代隐士李渤开始，历经唐、五代和宋初都建有书院，唐贞元年间，曾在此建立“庐山国学”，这算是白鹿洞书院的前身。宋代初年，庐山国学经扩充改建为书院，并正式定名为“白鹿洞书院”，宋太宗时还下旨授予书院《九经》，赐封白鹿洞山长一职。白鹿洞书院历史悠久，据说来求学的学生常达百人之多。但由于战乱、失修等原因，到了南宋时期白鹿洞书院已是荒凉破败，正像朱熹诗中所说的“学馆余废址，鸣琴息遗歌”。

朱熹出任南康知军，在游览时发现了白鹿洞书院遗址，感慨当年兴盛闻名的书院竟然荒芜破落，为了弘扬理学、振兴教育，决定加以修复。但是当时有反对者认为，国家已经在各地兴建官学，没有必要再创办书院。朱熹却力排众议，上奏《白鹿洞牒》据理力争，在朱熹的一再坚持下，宋孝宗最终批准重建。

朱熹于是克服重重困难，全力以赴兴建书院。朱熹在原址上重建白鹿洞书院，并为白鹿洞书院修复做了大量的工作。书院在淳熙六年（1179年）十月开工修建，到第二年三月竣工，共建起二十余间屋宇。为了书院长远发展，朱熹还筹集资金购置学田，发文各地征集图书，并担任白鹿洞洞主亲自讲学。在朱熹的影响下，远近儒生慕名而来。朱熹在白鹿洞书院开展了多种形式的教学活动，包括“升堂讲学”“互相切磋”“质疑问难”“展礼”等，以学徒认真读书、自行理会为主要形式。

朱熹认为，书院的自然环境对学习和修养都有很大的影响。白鹿洞书院山峦环抱，“无市井之喧，有泉石之胜”，是一个幽居讲学、著书立说的好地方。朱熹经过一番规划、建设，使这所荒废多年的书院焕然一新，成为著名的教育场所和名胜景区。朱熹在白鹿洞书院修复完工时还赋诗一首，以表达喜悦心情，诗中写道：

重营旧馆喜初成，要共群贤听鹿鸣。
三爵何妨奠苹藻，一编讵敢议明诚？
深源定自闲中得，妙用原从乐处生。
莫问无穷庵外事，此心聊与此山盟。

在白鹿洞书院里讲学时，朱熹诲人不倦，学生学而不厌，师生徜徉在书院的青山碧水之中，形成一派宁静、和谐的教学气氛。在这期间，朱熹亲自主持制订了《白鹿洞书院揭示》。书院成立后，朱熹还请来了陆九渊等名人到白鹿洞书院讲学。正是由于朱熹为书院请名师，购图书，订学规，并亲自主持讲学，其办学模式开创了后来七百年封建书院教育的典范。可以说，宋代教育最突出的特点就是私人书院教育的发达，宋代的著名书院大多是理学家讲学之所，对理学的发展和传播发挥了重要作用，其中尤其以朱熹所起到的作用居功至伟。

（二）《白鹿洞书院揭示》原文

父子有亲，君臣有义，夫妇有别，长幼有序，朋友有信。

右五教之目。

尧、舜使契为司徒，敬敷五教，即此是也。学者，学此而已。而其所以为学之序，亦有五焉，其别如左：

博学之，审问之，慎思之，明辨之，笃行之。

右为学之序。

学、问、思、辨四者，所以穷理也。若夫笃行之事，则自修身以至于处事、接物，亦各有要，其别如左：

言忠信，行笃敬，惩忿窒欲，迁善改过。

右修身之要。

正其义，不谋其利。明其道，不计其功。

右处事之要。

己所不欲，勿施于人。行有不得，反求诸己。

右接物之要。

熹窃观古昔圣贤所以教人为学之意，莫非使之讲明义理，以修其身，然后推以及人，非徒欲其务记览为词章，以钓声名取利禄而已也。今人之为学者，则既反是矣。然圣贤所以教人之法，具存于经，有志之士，固当熟读深思而问辨之。

苟知其理之当然，而责其身以必然，则夫规矩禁防之具，岂待他人设之而后有所持循哉！近世于学有规，其待学者为已浅矣，而其为法，又未必古人之意也。故今不复以施于此堂，而特取凡圣贤所以教人为学之大端，条列如右，而揭之楣间。诸君其相与讲明遵守，而责之于身焉，则夫思虑云为之际，其所以戒谨而恐惧者，必有严于彼者矣。其有不然，而或出于此言之所弃，则彼所谓规者必将取之，固不得而略也。诸君其亦念之哉！

（三）《白鹿洞书院揭示》解读

朱熹修复白鹿洞书院是因为对当时的官学不满，想复兴书院教育。宋建国初期虽然重视科举取士，提高了科举考试的地位，教育比前代更为兴盛，但是重视科举带来的教育弊病是使官学逐渐成为科举考试的附庸，学子求学的目的越来越偏离学问本身而趋向功利之学，朱熹便想通过私人讲学消除官学教育的这种弊病，恢复研习学问以“内圣外王”为目的学习本真和“初心”。

淳熙七年（1180年），白鹿洞书院重建后举行庆典，朱熹作为南康军长官，带领下属和学院师生举行开学礼，并升堂讲说《中庸》首章，还选取了儒家经典中的精要，揭示于门楣之间，作为学院师生共同遵守的学规，这就是著名的《白鹿洞书院揭示》。它明确了教育的目的，阐明了修身、处事、接物的基本要求，堪称我国古代学规的典范。它集儒家经典语句而成，朗朗上口，便于记诵。

首先，它提出了教育的根本任务，是让学生明确“义理”，并把它内化为身心修养，以达到自觉遵守的最终目的。其次，它要求学生按学、问、思、辨的“为学之序”去“穷理”“笃行”。再次，它指明了修身、处事、接物之要，作为实际生活与思想教育的准绳。学规一经问世，加之朱熹的推广，不少书院便纷纷仿效，元代以后更把白鹿洞书院的学规奉为圭臬。“风声雨声读书声，声声入耳；家事国事天下事，事事关心。”这是明代东林书院的创始者顾宪成的一副名联，他在《东林会约》中就曾说过：“朱子白鹿洞书院的教条，实在是至善、至美了。读书人要为善为贤，岂能越得出这个范围，我们在东林书院所学的，也只是讲明了它的道理而加以实行罢了。”《白鹿洞书院揭示》不仅是朱熹的教育思想，更是代表了整个儒学的精髓。它是儒家经典的精选，简单而有体系，不仅指导士子为学，还指导士子如何修身接物。在传播中从原初的书院学规逐渐演变成各级各类学校共同遵守的教育精神，其影响也从学校扩展到整个社会。

（四）模范后世

随着理学地位的上升和正统化，《白鹿洞书院揭示》在南宋理宗时期成为官方颁布的学规楷模。绍熙五年（1194年），朱熹应潭州（今湖南长沙）知州之召重振岳麓书院，就将该学规移录其中，史称《朱子教条》。朱熹逝世后，其门人时为国子监司业的刘爚于嘉定五年（1212年）奏请宁宗皇帝“请刊行所注《学》《庸》《语》《孟》以备劝讲，正君定国……

又请以熹《白鹿洞规》示太学，取熹《四书章句集注》刊行之”。宁宗许之，朱子的《白鹿洞书院揭示》于是成为太学的学规。淳祐元年（1241年）正月，南宋理宗赵昀在视察太学时，亲自书写朱熹《白鹿洞规》以示肯定。此后《白鹿洞书院揭示》作为御颁的学规成为全国各类学校共同遵行的教育指导方针。宋以后各地书院学规也纷纷借鉴朱熹的《白鹿洞书院揭示》。在清末书院改制为新式学堂前，朱熹的《白鹿洞书院揭示》一直是全国诸多书院遵奉的学规学则，影响广泛而深远。

《白鹿洞书院揭示》对日本、朝鲜等周边国家也产生了深远的影响。如在日本，朱子学在德川时期已经成为正统意识和官方哲学，并长达二百七十多年之久，成为日本人的道德规范和民族伦理的重要内容。朱子《白鹿洞书院揭示》不仅成为日本书院制定学规的蓝本，而且也被日本藩校和乡学当作学校师生共同遵守的行为准则。日本对《白鹿洞书院揭示》的研究十分广泛，朱子学对日本文化教育事业的发展产生了积极而深远的影响。

结　语

胜日寻芳泗水滨，无边光景一时新。

等闲识得东风面，万紫千红总是春。

——〔南宋〕朱熹《春日》

春风化育万物，家风一脉相承。

家风，是每个人生长的第一人文环境，优良家风是中华优秀传统文化的宝库，以朱熹为代表的朱氏家风则是这座宝库中的璀璨明珠。

朱氏家风以“诗书传家、重教兴学、敦亲孝廉”为要义，朱氏家族以“鸿业教化，格物致知，爱国恤民”为己任，铸就了“穷经明理、坚韧执着”的不朽品格和“精忠报国”的家国情怀。他们“以孝致亲，以忠致国，以学致身，以清白遗子孙”，使得朱氏成为“以文修身，以德立人，倡儒尊孔”的典范，使得朱氏家风在历史的长河里不断回响。

两千多年来，朱熹族人在不断的迁徙、融合、演化、发展中历经坎坷、备尝艰辛，一次次在苦难中重生，因此，朱氏后人一直传承着孝亲爱幼、兄友弟恭、琴瑟和鸣、睦邻友好的和谐友好家庭观；在子孙后代的培养教育方面践行博学笃志、谦和好礼、团结友善、明礼诚信、敬业爱国的修德家庭观；在家庭生活治理方面践行勤俭节约、力戒骄奢、遵守家规的勤勉持家观，让优良家风在孝悌之道、勤俭之道、重品崇德、诚实守信、和合之道以及家国情怀这六个方面不断发扬光大。

朱氏家训、家规是中国传统文化的重要组成部分，它以深厚的内涵、独特的形式真实地反映了各个时代的风貌和社会生活。它陶冶着一代代人的情操，感化着一代代人的心灵，内化着一代代人的文化品位与文化气质。

“道德传家，十代以上；富贵传家，不过三代。”宋人陈录在《劝诱文》中也说：“以忠孝遗子孙者昌，以智术遗子孙者亡。”朱氏家训、家规凝聚着朱熹等朱氏族人多年发展的生存智慧，有超越时空的生命力，以美德精神垂范后世，通俗易懂，朗朗上口，是对中华优秀传统美德的生动诠释。

朱氏家风或耳提面命或潜移默化不断弘扬，即使后人散落在世界各地，也铭记祖训，爱岗敬业，大有作为，因为严谨的家风家训已经铭记在心，融进血脉，成就了朱熹家族的崛起，留下无数动人的故事。

而今，朱熹立下的“四本”祖训被朱氏后人薪火相传，他们“耕得仓盈体健，读来气爽神清”，兴书院、办学堂，朱氏家训、家规潜移默化地浸润了一代代勤劳聪慧、善良朴实的朱氏族人。

勤能成事，谨能远祸。“勤谨”是朱氏家族的立足之本。朱熹一生勤学不辍，谨言慎行，身体力行“勤谨”的家风，于潜移默化中影响着一代代朱氏后人，这成为朱氏家族的精神财富。

一轮紫阳映活水，水清木华代代传。家风可以通过家训、家规、家礼和家书等载体世代传承，但理学宗师朱熹的家风更多的是通过朱熹一生的言传身教、率先垂范来影响后世、泽被万代、源远流长的。

朱熹一生没有去过泗水，但他对孔子儒学的未来充满希望，他在盼望着盛世的春风，并实现了理学的春天。

朱熹说过“天不生仲尼，万古长如夜”。这句话体现了朱熹对孔子的顶礼膜拜，也同样适合后人对朱熹的评价——朱熹终成为孔子之后第一儒。

朱熹还说过“且如万一山河大地都陷了，毕竟理都在这里”。如果山河大地都不存在了，毕竟宇宙规律依然存在，宇宙规律是永恒的——理学至朱熹，终于集大成。斯人已逝，真理永恒。

诚如朱熹所言，当孔孟儒学的渊源千回百转，当“北宋五子”（北宋五位著名理学家，即周敦颐、邵雍、张载、程颢、程颐）打下的道学五脉，汩汩流淌至南宋时，悉数汇聚于一处，集于一人之身，然后以猛浪若奔的大江之势浩浩荡荡向前。这个人就是朱熹，就是一轮紫阳映活水的——朱熹：

他为官，以民为本，注重教化；

他为人，与人为善，情理相融；

他为友，志同道合，情真意笃；

他为文，灵山秀水，生动活泼；

他为学，大儒世泽，学达性天。

作为儒家理学思想文化代表的朱熹，注重民族气节，重视道德修养，讲求以理统情、自我节制和发奋立志等，这些都是应该大力弘扬的思想精华。

追根溯源，正本清源。不忘初心，不忘来处。我们要客观全面地看到朱熹在历史中的真实面貌，深刻理解朱熹思想的本质内涵，我们要看到他悲壮坎坷的一生和他对人类文明的伟大贡献，更要继往开来，大力弘扬和践行中国传统的优秀家风家训。

和风习习，春日融融。河清海晏，万紫千红。习近平总书记说："对历史文化特别是先人传承下来的价值理念和道德规范，要坚持古为今用、推陈出新，有鉴别地加以对待，有扬弃地予以继承，努力用中华民族创造的一切精神财富来以文教人、以文育人。"千千万万个家庭的家风好，子女教育得好，社会风气好才有基础。

诚如是，则鸢飞鱼跃、龙腾四海，实现中华民族伟大复兴的"中国梦"之日将不远矣。

参考文献

[1] 朱熹. 晦庵先生朱文公文集（四部丛刊初编本）[M]. 上海：上海书店，1989.

[2] 黎靖德. 朱子语类[M]. 北京：中华书局，1986.

[3] 束景南. 朱熹年谱长编[M]. 上海：华东师范大学出版社，2001.

[4] 朱熹. 朱子大全[M]. 上海：上海古籍出版社，合肥：安徽教育出版社，2002.

[5] 束景南. 朱子大传："性"的救赎之路[M]. 增订版.上海：复旦大学出版社，2016.

[6] 张立文. 朱熹大辞典[M]. 上海：上海辞书出版社，2013.

[7] 朱晴川，朱斐. 朱姓简史[M]. 南昌：江西人民出版社，2017.

[8] 高令印，高秀华. 朱子学通论[M]. 厦门：厦门大学出版社，2007.

[9] 朱熹，吕祖谦. 近思录[M]. 北京：中华书局，2011.

[10] 黄坤. 朱熹诗文选译[M]. 南京：凤凰出版集团，2011.

[11] 方彦寿.朱熹画像考略与伪帖揭秘[M]. 上海：华东师范大学出版社，2013.

[12] 北京未来新世纪教育科学发展中心. 中国古代十大思想家：理学集大成者朱熹[M]. 乌鲁木齐：新疆青少年出版社，2008.

[13] 朱杰人. 朱教授讲朱子[M]. 上海：华东师范大学出版社，2017.

[14] 张毅. 苏轼与朱熹[M]. 北京：中国友谊出版公司，2018.

[15] 朱熹. 四书章句集注[M]. 武汉：长江出版社，2016.

[16] 朱熹. 大学·中庸[M]. 金良年，导读. 胡真，集评. 上海：上海世纪出版集团，2007.

[17] 张卉. 朱熹《中庸》学研究[M]. 成都：四川大学出版社，2018.

[18] 史向军. 自古我姓多豪杰·朱[M]. 长春：长春出版社，1998.

[19] 朱汪洋，朱元. 朱熹生平与思想[M]. 南宁：广西朱熹思想研究会，1996.

[20] 尤溪县博物馆. 朱熹诗词选编[M]. 尤溪：尤溪县博物馆，1988.

[21] 朱洪斌. 朱熹传奇[M]. 北京：中华书局，2002.

[22] 刘佑平. 朱姓史话[M]. 南昌：江西人民出版社，2000.

[23] 李甦平. 朱熹评传：匡时济世　博学慎思[M]. 南宁：广西教育出版社，1994.

[24] 朱熹.童蒙须知名贤集[M]. 孟琢，彭著东，译注. 北京：中华书局，2013.

[25] 叶采. 近思录集解[M]. 程水龙，校注. 北京：中华书局，2017.

[26] 朱熹. 朱子家训[M]. 朱杰人，编注. 上海：华东师范大学出版社，

2014.

[27] 王倩. 朱熹诗教思想研究[M]. 北京：北京大学出版社，2009.

[28] 朱高正. 从康德到朱熹：白鹿洞讲演录[M]. 杭州：浙江大学出版社，2011.

[29] 卜耕. 理学宗师朱熹传[M]. 北京：作家出版社，2016.

[30] 李甦平. 大家精要：朱熹[M]. 西安：陕西师范大学出版总社，2017.

[31] 黄胜科，方留章，邱培德，等. 朱熹故事精选[M]. 福州：福建教育出版社，2004.

[32] 吕维. 旷世大儒朱熹[M]. 南昌：二十一世纪出版社集团，2017.

[33] 孙毓修. 国学大师点评中国历史人物　朱子[M]. 姚青锋，译. 石家庄：花山文艺出版社，2018.

[34] 傅佩荣. 朱熹错了：评朱注四书[M]. 北京：东方出版社，2013.

[35] 束景南. 朱熹研究[M]. 北京：人民出版社，2008.

[36] 李松玉. 两宋哲学[M]. 沈阳：辽海出版社，2011.

[37] 钱穆. 朱子学提纲[M]. 北京：生活·读书·新知三联书店，2014.

[38] 脱脱，等. 宋史[M]. 北京：中华书局，2008.

[39] 陈显泗. 义理宗师·朱熹[M]. 海口：海南国际新闻出版中心，1996.

[40] 余蔚. 宋史[M]. 上海：上海人民出版社，2015.

[41] 江承华. 世界巨人传记丛书·中国思想家卷·朱熹[M]. 深圳：海天出版社，1999.

[42] 时亮.《朱子家训　朱子家礼》读本[M]. 北京：中国人民大学出版社，2016.

[43] 中国人民政治协商会议福建省尤溪县委员会文史资料委员会. 朱熹研究资料专辑[M]. 福州：福建人民出版社，1990.

[44] 杨天石. 朱熹：孔子之后第一儒[M]. 北京：东方出版社，2019.

[45] 黄胜科，李崇英. 朱子之路[M]. 福州：福建教育出版社，2015.

[46] 朱杰人. 迈入21世纪的朱子学[M]. 上海：华东师范大学出版社，2001.

[47] 章衣萍. 写给儿童的名人故事·朱子[M]. 北京：团结出版社，2015.

[48] 朱杰人. 朱子一百句[M]. 上海：复旦大学出版社，2007.

[49] 汪龙麟. 朱子箴言录[M]. 北京：北京广播学院出版社，1992.

[50] 邹其昌. 朱熹诗经诠释学美学研究[M]. 北京：商务印书馆，2004.

[51] 福建省政协文史和学习委员会，政协南平市委员会，政协武夷山市委员会. 大儒世泽：朱子传[M]. 福州：福建人民出版社，2016.

[52] 中共福建省委文明办，等. 福建家训[M]. 福州：海峡文艺出版社，2014.

[53] 王立群. 家风家训：王立群智解成语[M]. 郑州：大象出版社，2016.

[54] 卿磊. 大师开讲·朱熹：舌尖上的天理和人欲[M]. 合肥：黄山书社，2015.

[55] 陈代湘. 圣心苦雨：朱熹传[M]. 北京：北京燕山出版社，1997.

[56] 李娟. 朱熹、王守仁教育名著导读[M]. 长春：吉林文史出版社，2015.

[57] 武旭峰，邱江生. 朱姓寻根之旅[M]. 广州：广东旅游出版社，2001.

[58] 朱熹，朱柏庐. 童蒙须知·小学·朱子治家格言[M]. 杨博，注. 北京：北京联合出版公司，2017.

[59] 朱熹. 朱子读书法[M]. 李孝国，董立平，释注. 天津：天津社会科学院出版社，2016.

[60] 刘湘如. 朱熹别传[M]. 合肥：安徽文艺出版社，2013.

[61] 朱熹. 言文对照小学集注[M]. 高愈，注. 沈元起，译. 北京：中国华侨出版社，2012.

[62] 李学勤. 中华姓氏谱·朱姓卷[M]. 北京：现代出版社，2002.

[63] 刘佑平. 中华姓氏通史：朱姓[M]. 北京：东方出版社，2000.

[64] 徐梓，王雪梅. 蒙学须知[M]. 太原：山西教育出版社，1991.

[65] 徐梓. 家范志[M]. 上海：上海人民出版社，1998.

[66] 黄玉石. 朱熹传[M]. 福州：海峡文艺出版社，2000.

[67] 郑玄. 名门家训[M]. 常青，注译. 西安：三秦出版社，1991.

[68] 周海生. 嘉祥曾氏家风[M]. 北京：人民出版社，2015.

[69] 周振波. 中国历代家训[M]. 济南：济南出版社，2015.

[70] 王懋竑. 朱熹年谱[M]. 何忠礼，点校. 北京：中华书局，1998.

[71] 朱子学刊编辑部. 朱子学刊：第一辑[M]. 福州：福建人民出版社，1989.

[72] 朱松. 韦斋集[M]. 上海：华东师范大学出版社，2010.
[73] 陆九渊. 陆九渊集[M]. 钟哲，点校. 北京：中华书局，1980.
[74] 朱熹. 朱子全书[M]. 上海：上海古籍出版社，2010.